Conversations intimes

Albert Jacquard
avec Dominique Dimey

Conversations intimes

Stock

Ouvrage publié sous la direction de
François Azouvi

Couverture Pierre Martin Vielcazat (STALLES)
Photo : © Brice Toul/Gamma-Rapho via Getty Images

ISBN 978-2-234-07886-4

Avant-propos

Je n'ai aucun lien de parenté avec Albert, je ne suis ni journaliste ni biographe. Artiste, j'exerce mon métier d'auteur essentiellement à travers la chanson, et c'est justement la chanson qui m'a permis de rencontrer Albert Jacquard ; plus précisément, notre intérêt commun pour les enfants, l'éducation, la transmission.

La vie m'a donné cette chance de devenir très proche de cet homme dont j'avais tant aimé les livres et, comme beaucoup d'auditeurs, fidèlement écouté pendant des années la tribune sur France Culture. J'admirais son sens de l'engagement, sa lucidité, la sagesse et la profondeur de son regard sur le monde et les hommes, l'accessibilité de sa pensée…

Pour moi, Albert Jacquard était un savant qui rendait les autres intelligents.

C'est en 2002 que je le rencontrai pour la première fois. Je terminais l'écriture d'un livre racontant une tournée que j'avais faite en chansons dans les services de pédiatrie des hôpitaux français. Dans ce livre, je témoignais de mes rencontres avec les enfants malades et incroyablement lumineux, leurs parents si courageux et les équipes médicales dont l'engagement et l'humanité m'avaient profondément bouleversée.

Nous souhaitions, avec l'équipe qui parrainait ce livre, obtenir pour la préface un texte fort, dédié à la vie, une ode. Très naturellement, c'est à Albert Jacquard, généticien, expert des sciences de la vie, que nous avons pensé.

Il n'avait aucune raison de me connaître, mais, dès notre premier échange au téléphone, à l'énoncé de mon nom, il vérifia mon lien de parenté avec mon père Bernard Dimey et évoqua immédiatement sa chanson préférée : « Syracuse » !

Le jour de notre rencontre, après lui avoir présenté mon travail, Albert me demanda de lui chanter « Syracuse », je m'exécutai. Il m'écouta avec ravissement. La chanson de Bernard devint en quelque sorte notre premier lien secret.

Albert écrivit un très beau texte pour la préface de mon livre et se passionna pour mon travail en chansons à destination des enfants. Au gré des événements, nous nous rencontrions régulièrement pour échanger sur mes projets et les actions que je menais pour le droit des enfants ou pour la protection de la planète.

Je ne sais pas définir cette relation particulière et tellement inattendue qui devint très forte et intime. Mais est-il besoin de la définir ?

Sans doute peut-on y voir l'affection et l'admiration qui m'avaient tant manqué d'un père avec lequel je n'avais pas vécu, et, pour lui, la grande complicité d'un père avec une fille qu'il n'avait pas eue.

Mais, au-delà de ce lien affectif, c'est une complicité intellectuelle qui s'est développée entre nous. Un rituel s'est installé, ponctué de nos pique-niques dans sa cuisine rue de Rennes, de nos déjeuners à sa table préférée de La Coupole, ou simplement de promenades dans les rues de Paris. Ensemble, nous sommes allés faire des lectures-rencontres dans les médiathèques, des visites dans les écoles qui portaient son nom, des conférences…

Au fil des mois s'est tissée une longue conversation intime, faite de mes nombreuses questions sur le monde et des précieuses réponses d'Albert. Il me semblait que je ne pouvais pas garder pour moi seule la richesse de ces réflexions, qu'elles appartenaient à tous ceux que la pensée d'Albert avait un jour ou l'autre atteints au fond du cœur.

Lorsque je lui fis part de ce sentiment, et de mon envie de partager ces échanges avec ses admirateurs, Albert se montra enthousiaste devant l'idée de publier un livre « vérité » à partir de nos libres conversations sur la vie. Ainsi, à partir de 2012, il devint très attaché à la régularité de nos séances de conversations intimes. Nous avions établi une liste de thèmes que nous aborderions pendant des séances d'une heure que j'enregistrerais et dont je lui rapporterais les retranscriptions. Il les relirait et corrigerait ses propos, précisant telle ou telle idée, reformulant un paragraphe ou un autre.

Nous étions presque arrivés au bout de la liste lorsque Albert est tombé malade. Très affaibli, il savait qu'il était au bout de son chemin, je l'y ai accompagné du mieux que j'ai pu.

Ce sont ces mots, qu'il avait voulu me confier avant de partir, que je suis heureuse de rassembler dans ce livre. C'est ce désir de vérité, ces pensées intimes que je me dois de transmettre et de partager pour rendre hommage à cet homme singulier qui, pour beaucoup d'entre nous, restera un guide éclairé.

Dominique DIMEY

12 septembre 2013, tôt ce matin, ton fils Benoît me téléphone.

Tu as lâché la vie. Tu es parti te reposer là où personne ne viendra te chercher.

Ils sont nombreux ceux qui restent sans mots la gorge sèche, serrée, lorsqu'ils apprennent la nouvelle : *Albert Jacquard est mort, mercredi 11 septembre 2013 à 23 heures, à son domicile parisien.*

Tu es mort dans cet appartement de la rue de Rennes où je serai venue te retrouver tant de fois dans des circonstances si différentes.

Un mois et demi d'hôpital, où tu te débattais pour sortir de cet enfermement, où sans cesse tes jambes voulaient escalader les barrières de métal du lit. L'été était très chaud, la fenêtre grande ouverte, tes yeux, tournés vers la porte, regardaient au loin.

Avec Benoît et Pierre, tes deux fils, Brigitte, la maman de tes petites-filles Marion et Sarah, nous avions discrètement installé une noria autour de toi, t'apportant des livres de Shakespeare ou Céline, des tablettes de chocolat noir, des friandises, des disques de Bach et Schubert. Je complétais cette danse en chantant pour toi, doucement, pour éloigner la froideur de cette chambre d'hôpital.

Les derniers jours, j'arrivais, heureuse de te voir, mais je repartais souvent sans avoir pu te rencontrer. J'oublie tes moments de colère contre nous tous, complices à tes yeux de ton enfermement. Tu avais demandé à chacun de te libérer, de te délivrer. Nous étions bien impuissants, jusqu'à ce que tes fils décident de t'installer dans ton appartement. Cette bonne nouvelle t'avait rendu le sourire.

Tu t'installas dans le grand salon où trônait le beau piano noir de Marion, et où tu aimais recevoir tes proches. Bien sûr, tu restais emprisonné dans ce lit de métal, mais tu retrouvais la douceur des lumières, des voix, la présence secrète de ton passé.

Je m'étais habituée à te voir allongé, maigre, avec tes mains de glace, je pensais même que tu pourrais vivre longtemps ainsi et nous aussi, à tes côtés. C'était certainement très égoïste, mais, au moins, tu étais là, tu respirais, et tu pouvais pendant de longs moments nous offrir ton regard bleu.

Le bleu de ton regard m'avait bouleversée quand tu m'avais reçue pour la première fois dans ton bureau de la rue Racine, un jour de printemps 2002. Je poussai la porte, me tenant bien droite face à toi, et comme promis au téléphone, je te chantai « Syracuse », avec un trac incroyable et une voix mal assurée.

Aujourd'hui, le titre du livre que je préparais (*Chantons la vie à l'hôpital*) et la préface que tu avais écrite résonnent bien différemment.

Je sortais de l'hôpital des Enfants-Malades. Sous la voûte soudain je me suis entendu chanter un extrait de *La Petite Musique de nuit*. Chanter !

Moi qui n'ai aucune oreille, moi dont la voix est éraillée ; mais je ne pouvais m'en empêcher. Quelques instants plus tôt, j'étais entré avec une telle angoisse ; qu'allaient dire les médecins ? Mais tout était favorable ; la petite fille était sauvée ; il fallait au moins l'aide de Mozart pour libérer ce trop-plein de bonheur.

L'hôpital est le lieu des inquiétudes les plus vives, des espoirs les plus insensés, des désastres parfois irréparables, des succès aussi arrachés au destin.

Pour supporter ce nœud de toutes les tensions, pour ne pas tourner affolé dans ce carrefour de tous les possibles, les contreforts qui nous redonnent équilibre, quels qu'ils soient, sont les bienvenus. Parmi eux la musique, cette prière qui ne demande rien, cette ouverture sur un univers différent.

Elle donne à chacun, celui qui l'entend comme celui qui la joue ou la chante, une dimension nouvelle et fait percevoir en soi une réalité inédite.

C'est l'exploration de cette réalité cachée que Dominique Dimey propose aux enfants. Elle les rencontre en ce lieu de re-création de soi qu'est l'hôpital. Elle partage avec nous dans ce livre les émotions qu'elle a éprouvées.

Merci, Dominique, d'enrichir ainsi celui que nous sommes devenus, du potentiel retrouvé de l'enfant que nous avons été.

Une jolie première rencontre ! La deuxième reste aussi un moment inoubliable pour moi, et sans doute pour les milliers d'enfants qui étaient présents.

C'était au Cirque d'hiver, le 20 novembre 2009, au grand concert que je donnais pour fêter les vingt ans de la Convention internationale des droits de l'enfant avec mes amis invités : Jacques Higelin, que tu étais heureux de retrouver là, Nicole Croisille, et le griot sénégalais Babou Diébaté. Tu étais l'invité d'honneur de cette grande soirée. Tu avais souhaité t'adresser aux enfants, ceux qui étaient là, assis dans le théâtre, mais plus largement à tous les enfants de la planète.

Je n'oublierai pas ton émotion devant la longue ovation des trois mille enfants qui t'applaudissaient, et je te vois encore, si frêle, au milieu de la piste de ce magnifique cirque, les yeux remplis de larmes, après avoir adressé ce message aux enfants du XXIe siècle :

> J'assiste ce soir, médusé, au début de la construction du vingt et unième siècle, ce siècle qui vient de commencer.
>
> Moi, je peux vous apporter le témoignage d'un humain du vingtième siècle. Ce siècle vient de se terminer et il n'a pas été très beau, les guerres, les massacres, le mépris ont fait des millions et des millions de morts.
>
> Que faire maintenant ?
>
> Reconstruire le monde !
>
> Qui va le faire ?
>
> C'est vous ! Vous avez à construire le monde !

Moi je peux vous donner tout simplement la leçon que j'ai tirée des horreurs du vingtième siècle. Il me semble, c'est une façon de voir, que ces horreurs ont une racine commune : le mépris des autres.

Au fond, nous, les humains, en tout cas au vingtième siècle, nous n'avons pas su regarder l'Autre comme il doit être regardé. L'Autre est une merveille. Tu es une merveille, tu dois entendre l'Autre te dire qu'il est une merveille, que tu es une merveille. C'est là le point de départ. Tout être humain, c'est vrai, est une réussite fabuleuse, quel qu'il soit, quels que soient ses problèmes.

Alors à vous, à vous de jouer. Construisez le vingt et unième siècle, il dépend de vous qu'il soit magnifique.

Durant ce message que portait ta voix si fragile, au premier rang, Tom, douze ans, jeune garçon trisomique, t'écoutait avec une attention presque tripale. Il semblait entrer dans tes mots, dans ta voix, et lorsque tu eus fini de parler, il courut se blottir contre toi. L'image de cette double reconnaissance, et de l'attirance ressentie par Tom, est pour moi inoubliable.

Toi qui disais à propos de ton image : « À quoi ressemble-t-elle cette tête que chacun peut voir et que je ne reconnais pas comme mienne, que je n'aime pas ? »

Tom t'avait reconnu, dans ton image de souffrance, dans ce visage remodelé, dans tes traits brutalement modifiés, transformés par un accident de voiture lorsque tu avais neuf ans.

Cette nouvelle tête posée sur tes épaules, tu la portais comme celle d'un étranger avec qui tu avais dû, pendant quatre-vingt-sept années, négocier, composer pour ne pas faire peur, pour ne pas choquer le regard des autres. Peu de gens savent le rôle que cette terrible expérience a pu jouer dans ta vie.

Après ce concert au Cirque d'hiver, nous avons commencé à nous voir plus régulièrement.

Je te sentais déjà fatigué, tu disais que tu avais de plus en plus de mal à écrire. Il te fallait quelque chose de nouveau, de surprenant.

À cette époque, je faisais régulièrement des séances de signatures du livre-disque que j'avais écrit pour les enfants, *Le Jardin d'Albert*, une histoire dont tu es le personnage principal et, naïvement, je te proposai de m'accompagner de temps en temps en tournée. Cette idée t'enthousiasma, le mot « tournée » te plaisait énormément.

Il fut ainsi proposé aux treize villes qui avaient donné ton nom à une école de nous accueillir tous les deux pour participer à des lectures-rencontres autour du livre *Le Jardin d'Albert* et, le soir, de proposer au public une conférence d'Albert Jacquard.

Ce projet allait connaître un grand succès, et te redonner un sursaut d'énergie.

En janvier 2012, c'est à Monistrol-sur-Loire, en Haute-Loire que nous partons pour une première étape.

Nous devons rester deux jours et passer une nuit sur place. Le jour de notre départ, je peste contre le peu de temps que nous avons pour notre correspondance à Lyon Part-Dieu. Je n'ai pas bien mesuré ta difficulté à marcher et, si nous avons réussi à attraper notre train, ce fut d'une extrême justesse. Assis dans le TER, tu gardes les yeux fixés sur le paysage qui défile, comme si tu le découvrais pour la première fois. C'est dans ce train que nous commençons nos conversations intimes.

– Est-ce que tu peux me dire d'où t'est venu ce besoin de comprendre le monde ?

– Ce qui m'effraie, moi, c'est de penser que j'aurais pu ne pas me poser la question. Les gens qui ne se la posent pas me font peur. Mais je pense qu'ils sont peu nombreux… Je pense aux Touaregs, lorsqu'ils m'ont donné une leçon d'astronomie, c'était magnifique !

– C'est où ? Tu as quel âge ?

– J'ai cinquante ans, on boit du thé devant la tente en regardant les étoiles et un des hommes dit : « On m'a dit que l'un d'entre vous avait fait le tour de la Terre, c'est vrai ? » L'un d'entre nous avait effectivement participé à un tour de la Terre, c'était François, un géographe. « Qu'est-ce que tu as vu lorsque tu es arrivé au bord de la Terre ? lui demandent les Touaregs. » François répond : « Il n'y a pas de bord ! – Ce n'est pas possible, nous on avance sur le sable, on le traverse, on va loin, loin, loin, et forcément on touche le bord ! » Je me suis senti obligé de leur répondre que, effectivement, on ne touche pas le bord car il n'y a pas de bord, parce que la Terre est une surface ronde, ce qui est déjà très difficile à percevoir. Et puis non seulement on ne touche pas le bord du point de vue géographique, mais aussi du point de vue temporel. C'est l'histoire de l'anneau de Moebius.

– Qu'est-ce que c'est ?

– L'anneau de Moebius consiste à prendre un ruban, à faire en sorte que les deux bouts se touchent. Mais pas comme un anneau ou une bague. Avant de faire se rejoindre les deux bords, il suffit de tourner le ruban d'un demi-tour et à ce moment-là, si tu imagines une fourmi qui parcourt l'anneau, quand elle avance, elle change de côté. Si le ruban n'est pas tordu, elle peut avancer indéfiniment, elle restera toujours du même côté. Par conséquent, il suffit d'avoir fait ce geste pour que l'anneau de Moebius réunifie l'univers. De quel côté es-tu ? Je suis des deux côtés à la fois.

– C'était facile à comprendre pour tes amis touaregs ?

– Ils étaient d'accord, mais ils sentaient qu'on était à la limite de la compréhension. Ils sont intelligents mais ils voient le monde différemment de nous. En leur apportant une autre façon de regarder le monde, on les perturbait, mais en même temps ils avaient l'impression qu'on les enrichissait.

Dehors les champs se blottissent aux creux des vallons, les vaches charolaises nous regardent passer. Dans le compartiment, de jeunes lycéens écoutent sur leurs iPod des rythmes fracassants, et nous, nous sommes dans une bulle légère survolant l'Afrique du Nord.

– Je ne suis pas certaine d'avoir tout compris !

Tu m'adresses un large sourire, comme si ma réflexion te réjouissait, et d'ailleurs, apparemment, elle te réjouit.

– Comprendre ne peut être qu'une longue construction ; dire que l'on n'a pas compris, c'est faire preuve d'une vive intelligence. Comprendre qu'on n'a pas compris, c'est ce qu'il y a de plus difficile à admettre.

Albert Jacquard, griot dans un wagon de TER !

– Merci, Albert, pour ce voyage reposant, paisible, j'étais tellement bien sous les étoiles avec les Touaregs, bien tout simplement !

– Tu as raison, sous la tente du Touareg, on est bien, c'est toute une civilisation. Mais une civilisation, c'est fragile. Si le désert s'étend, c'est que la température augmente, et elle augmente, on le sait bien, à cause de ce fameux effet de serre ; pourquoi cet effet de serre ? Simplement parce que, nous, pour nous déplacer, nous construisons des voitures qui vont à deux cents à l'heure ! Ce que chaque homme fait sur la Terre, d'autres hommes ailleurs en subissent les conséquences, mais on ne veut pas le voir !

– Je ne peux me détacher de l'image des Touaregs. Comment t'es-tu senti sous ce toit du ciel ?

– J'en fais partie, je ne dis pas que c'est beau, car on ne fait que la moitié du chemin en disant cela. Je regarde et c'est formidable, fabuleux. Mais si je m'arrête à ce constat de la beauté du monde, oui, je n'ai fait que la moitié du chemin, il me reste à revenir sur moi-même et à m'apercevoir que ce qu'il y a de plus beau, ce n'est pas l'étoile, c'est moi ! Il faut bien le dire aux enfants : toi, tu mérites d'être admiré par toi-même et par les copains, et il faut les admirer eux. Le monde est beau, d'accord, mais j'y suis, et c'est encore plus beau !

Le train freine, nous quittons les Touaregs, nous sommes arrivés à destination. La fête va pouvoir commencer.

Pour une école, recevoir la personnalité dont elle porte le nom est un événement assez rare. Tu es accueilli par une haie d'honneur de petits enfants de maternelle et de primaire, intrigués et impatients, qui t'attendent et crient ton nom.

Pour certains enfants, cette découverte semble tellement irréelle. L'un d'eux va jusqu'à demander à la maîtresse si c'est bien le *vrai* Albert Jacquard qui vient ce jour-là. Ils ont du mal à réaliser que tu as accepté de venir en personne dans leur école.

« Vous êtes des diamants que je vais ajouter à mon trésor », dis-tu à cet auditoire émerveillé.
Et je sais que tu penses vraiment cette phrase.

Tous les élèves, de la maternelle au CM2, sont réunis dans le hall de l'établissement pour écouter l'histoire du *Jardin d'Albert*. Ensuite, ils posent les questions que depuis plusieurs semaines ils ont soigneusement préparées avec leurs enseignants. Ils veulent tout savoir de toi. Te demandant comment et surtout où est ce jardin que décrit l'histoire du livre, tu leur réponds que c'est un rêve : « Plus un rêve que la réalité, mais que c'est beau de faire des rêves ! »

Une exposition de photos et de peintures tapisse les murs de l'école. Une grande fresque trône en haut de l'auditorium, affichant les mots de tes phrases fétiches.
Pour immortaliser cette visite, on te demande de te prêter au jeu des empreintes, et tu acceptes de poser tes pieds nus sur quelques plaques d'argile, imité par les plus jeunes enfants de l'école. Ce bas-relief, qui doit figurer aujourd'hui en

bonne place, est intitulé : « Dans les pas d'Albert ».

Cette rencontre est chargée de beaucoup d'émotion, elle a fortement marqué l'esprit des habitants de cette petite ville où chacun était heureux de faire partie du « trésor d'Albert ».

Lorsqu'un des enseignants te demande ce que cela te fait d'avoir ton nom sur les murs d'une école, avec un peu d'ironie, tu réponds : « Le sentiment d'être le meilleur de tous, peut-être. »

Le soir, un public très nombreux t'attend, et cette conférence, comme toutes celles auxquelles j'allais assister, est une pure merveille. Les questions fusent, se bousculent. Tu sais l'importance de tes réponses pour ces femmes, ces hommes, qui osent s'adresser à toi et te confier publiquement les questions souvent très profondes qu'ils se posent :

– Monsieur Jacquard, pourquoi a-t-on peur de l'Autre ?

L'homme d'une trentaine d'années qui vient de te poser cette question regarde autour de lui, guettant avec inquiétude la réaction de son entourage, un peu inquiet comme s'il venait de dévoiler un pan secret de sa vie en prenant la parole.

Tu perçois cette inquiétude et tu fais en sorte de le rassurer, en lui disant que cette question est très importante, et en choisissant les bons mots pour répondre :

– La construction d'un être humain ne peut se faire que grâce à la communication avec l'Autre. C'est parce que j'ai rencontré l'Autre que je suis devenu moi. Chacun d'entre nous se construit grâce à la nourriture bien sûr mais, simultanément, ce sont les rencontres, les échanges qui font que, peu à peu, on devient ce qu'on est. L'Autre évidemment peut poser des problèmes mais s'il n'était pas là, l'être humain ne s'épanouirait pas. Alors, pour répondre à votre question, pourquoi avoir peur de l'Autre ? Eh bien, c'est un réflexe de défense. Mais, contrairement aux animaux, nous, les hommes, nous pouvons dépasser cette peur. Si, dans les temps très anciens, nous avons pu lutter contre les dangers qui nous menaçaient, c'est parce que nous nous sommes regroupés. Nous avons collaboré. Nous avons été solidaires. La nature a fait les hommes, et les hommes, en se rencontrant, ont fait l'humanité. Et maintenant l'humanité participe à la construction de chaque être humain. Je suis ce que je suis parce que j'ai été construit par ma nature humaine.

L'homme boit tes paroles, déjà d'autres doigts se lèvent :

– Monsieur Jacquard, je suis très impressionnée de vous parler, et je veux vous dire que je vous lis depuis des années… J'ai une question simple, croyez-vous en Dieu ?

– Le verbe croire ne fait pas partie du vocabulaire du scientifique. Le mathématicien ne croit pas que deux plus deux font quatre. L'astronome ne croit pas à l'attraction gravitationnelle ni à l'expansion de l'univers. Le scientifique n'est jamais en position de croire, il est en position de s'interroger sur le monde réel, de faire des expériences et de constater leurs résultats. Pour lui, il y a un en deçà qu'il connaît et un domaine dont il ne connaît rien : l'au-delà. Est-ce que, dans cet au-delà, il existe une personne qu'on appelle Dieu et qui s'intéresse à moi ? Pourquoi pas ? Je n'ai aucune raison de dire non, mais j'ai l'impression que je n'ai aucune raison de dire oui. Je reste là pour ma part avec mon point d'interrogation !

Dans l'assistance cette phrase fait mouche. Que tu conduises l'auditoire dans une interrogation déroute dans un premier temps, mais en même temps aiguise la réflexion. Quelqu'un poursuit :

– Et les parasciences, faut-il les croire ?

Tu bois un peu d'eau, puis tu souris avant de répondre :

– Les parasciences sont bâties autour d'affirmations non contrôlées et de croyances prenant des allures de vérité par l'effet de leur répétition. Par exemple, l'astrologie. Certes, tous les éléments de l'univers sont en interaction, mais le prétendu lien entre le déroulement de ma carrière ou de mes amours et la position de Vénus décrite par les horoscopes résulte de divagations sans le moindre support vérifiable. Les parasciences sont à la science ce que les parasites sont à leurs victimes ! Quand accepterons-nous d'être lucides et de comprendre que la spécificité de l'homme est de pouvoir prendre en charge son destin ? Demain n'est pas écrit dans les planètes ni dans les nombres. Demain sera ce que nous décidons aujourd'hui.

Le public applaudit longuement. Tu as dû compromettre les affaires de toutes les voyantes de la région !

Sur le chemin qui nous mène à l'hôtel, fatigué bien sûr, tu me regardes, fier, pour me dire : « Elle démarre bien notre première tournée ! »

Journée pluvieuse, j'arrive chez toi.

La pluie frappe les vitres, aujourd'hui le ciel est bas et gris.

Ton appartement est plongé dans une demi-pénombre. Tu allumes une à une les nombreuses lampes du salon, posées à des hauteurs différentes. Je te regarde te baisser, t'accroupir, te pencher lentement, cela ressemble presque à un exercice de tai-chi.

Nous nous installons dans ton bureau au calme parmi les livres, parmi les tableaux que j'aime regarder en t'écoutant.

– Si tu avais le pouvoir de décision sur l'enseignement de la science dans les collèges et lycées, comment organiserais-tu cet enseignement ?

– La science doit être comprise et non pas apprise. La science ne peut être compréhensible que si elle est découverte par chacun. Mais celui qui comprend du premier coup est à plaindre. La science est comme un émerveillement. C'est très bien mis en évidence par Socrate dans le célèbre passage du *Ménon* de Platon, à propos du doublement de la surface d'un carré. Tout comme lorsque l'on veut expliquer le concept de l'infini, avec les fractales.

Je trouve ce mot « fractales » très élégant, mais je l'aurais plus facilement attribué à un poème de Rimbaud ou d'Henri Michaux ! Tu me réponds que j'ai tout à fait raison, en me citant le célèbre mathématicien britannique, Godfrey Harold Hardy, qui écrivit, vers 1940, un texte sur la beauté des mathématiques. Tu me le lis :

> Les schémas du mathématicien, comme ceux du peintre ou du poète, doivent être beaux. Les idées, comme les couleurs ou les mots, doivent être associées d'une manière harmonieuse. La beauté est le premier test ; il n'y a pas de place stable dans le monde pour des mathématiques laides !
> Il peut être très difficile de définir la beauté mathématique, mais c'est vrai pour la beauté

en général. Nous ignorons ce que nous appelons au juste un beau poème, mais cela ne nous empêche pas de le reconnaître quand nous en lisons un.

– Et la philosophie, comment doit-elle être enseignée ?

– La philosophie devrait être pratiquée au quotidien dans notre système éducatif, dès le plus jeune âge.

Je souris et je te raconte le film documentaire *Ce n'est qu'un début !*, que j'avais découvert par hasard et qui m'avait émerveillée. Il montre des enfants de maternelle dans l'école d'application d'une ZEP de Seine-et-Marne. On les voit participer durant deux années à des ateliers de philosophie. Ils y abordent des concepts normalement réservés aux élèves de terminale. Quand ils se mettent à échanger, il n'y a plus de bons ou mauvais élèves, chacun s'exprime avec ses mots. Ils s'écoutent, se nourrissent de leurs différences et s'enrichissent de cet échange avec l'autre. Tu es très intéressé par l'évocation de ce film et tu me fais remarquer qu'il illustre parfaitement une de tes formules à propos de l'école : « Ici on enseigne l'art de la rencontre ! »

Nous sommes au salon du livre de Provins pour une journée de dédicaces. Un moment délicieux de rencontres, forcément inattendues.

Les visiteurs passent dans les allées. Devant notre table, un peu gênés ils regardent à droite, à gauche. Puis ce sont des murmures, des voix chuchotées qui répètent avec étonnement et fascination : « C'est Albert Jacquard ! »

Trop impressionnés, certains n'osent pas t'aborder et s'éloignent, sans doute un peu frustrés. D'autres s'approchent des livres exposés.

Une dame vient d'acheter ton livre *À toi qui n'es pas encore né*, elle te demande une dédicace. Du bout des lèvres, elle te dit son prénom : « Alice ».

Elle te le répétera trois fois de suite, tu n'entendras pas. Tu ne peux pas l'entendre, ce prénom. C'est celui de ta femme Alix que tu as entendu. Envahi par l'émotion, tu ne parviens pas à poser ton stylo sur la page.

Tu me regardes, perdu. Tu m'appelles à l'aide avec ton regard bleu acier, de l'aide immédiate. Discrètement, j'épelle le prénom « Alice », faisant comme si tu avais un doute sur son orthographe.

Toi qui sais si bien traduire tes idées, toi pour qui la parole est une force, tu disparais derrière tes émotions et, dès que l'on s'aventure sur le chemin des sentiments, tu entres dans ta coquille. Est-ce une volonté consciente de ta part ? Est-ce inconscient ?

De retour à Paris, quelques jours plus tard, j'ai très envie de t'inviter à parler de l'amour et de tes liens avec tes proches.

— Aujourd'hui j'ai décidé que tu allais me parler d'amour. Peux-tu me dire quelle place a eu l'amour dans ta vie ?

— La question m'est souvent posée durant les conférences, et j'ai une réponse toute prête ! Je réponds : « Je viens de vous parler pendant trois quarts d'heure, et comme j'ai été bien élevé, j'ai appris de mes parents qu'il ne fallait pas utiliser de gros mots, donc vous ne serez pas étonnés que je n'utilise pas le mot amour. »

Je ne réponds pas que je ne sais pas ce que c'est, car chacun peut avoir sa propre définition de l'amour, mais c'est surtout que c'est un sentiment qui fait partie du jardin secret le plus personnel. Donc je ne veux pas trop prostituer le mot amour.

– Est-ce que l'amour a été une force dans ta vie ?

– Certainement ! Mais c'est une force qui, mieux qu'un jardin secret, reste pour moi un donjon secret !

– Tu trouves ce mot très abîmé ?

– Oui, c'est certainement un mot très galvaudé. Je peux dire que j'ai eu un amour dans ma vie qui l'emporte sur tous les autres. Alix et moi, nous avions vraiment une connivence extraordinaire. Donc je ne peux rien en dire, sinon évoquer des événements très forts entre nous, mais comment en parler… Je reste muet devant le fait qu'on n'a qu'un désir. Celui de mettre tous les désirs qu'on possède en nous au service du désir d'une autre. Je ne parle pas de désir sexuel, mais du désir de mise en commun. C'est ça l'amour, c'est une des formes de mise en commun !

– Lorsque tu dis : « Je fais les autres et les autres me font », c'est une manière de parler d'amour ?

– Peut-être. Il y a une connivence profonde et absolue entre tous les hommes. C'est pourquoi il est monstrueux qu'ils s'entretuent. L'amour, c'est la merveilleuse tentative de deux êtres différents qui tentent de fusionner pour se différencier à nouveau. Avais-tu lu ce texte publié dans *Le Nouvel Observateur*, une sorte de méditation que j'avais faite devant le *Moïse* de Michel-Ange ?

Ton ordre dans ton désordre me fascine. En quelques secondes tu sors une feuille d'un classeur et je me laisse emporter, direction l'Italie, Rome.

Je monte la via Cavour, à droite un escalier. Je grimpe et je débouche sur une petite place. Une église, San Pietro in Vincoli. J'entre. Au fond, à droite du chœur, me voici face à lui, lui *Moïse*, lui Michel-Ange, lui moi. Un homme. Un homme comme tous les hommes, dont le regard ne s'arrête pas à ce qui est visible, dont toute l'attitude montre qu'il est autre chose que ce qu'il manifeste. Le regard qu'il porte sur moi, et qui me transperce, et qui me transforme, c'est moi qui en suis la source.

Moïse descend du Sinaï. Il a rencontré Dieu. Tout en lui est changé. La lumière qui l'inonde intérieurement, sourd de lui. Il est un phare.

Ses veines, ses muscles, ses sens ne sont plus seulement ceux d'un animal à qui la nature a donné vie et puissance ; ils sont maîtrisés, ils sont à son service.

Il a rencontré Dieu… ou plutôt peut-être lui-même ?

En haut de la montagne, il s'est trouvé non pas face à une image de lui, dans quelque miroir, illusion fallacieuse, mais face véritablement à lui. Capable à la fois d'être et de savoir être, Moïse construit Moïse. Il est un Homme et le voilà en charge de tout son peuple, de tous les hommes.

En fait, ce n'est pas ici Moïse, mais une représentation, une statue, un bloc de marbre. Mais un bloc façonné par Michel-Ange. Face au bloc primitif informe, il pense à Jules II, qui lui a commandé son tombeau. Il pense à Moïse qu'il va représenter. Mais ce ne sont là que des prétextes anecdotiques, que camouflages de sa démarche essentielle. Il pense à lui ; il sculpte son autoportrait. En façonnant Moïse, Michel-Ange façonne Michel-Ange.

Et je suis devant lui, et il s'adresse à moi. Freud, paraît-il, était terrifié par cette statue. Il n'était pourtant pas homme qu'un bloc de marbre, que Michel-Ange ou que Moïse pouvaient effrayer. Mais il était face à Freud.

Je suis face à l'œuvre d'un homme, face à l'homme Moïse évoqué par Michel-Ange, je suis face à moi. Et je deviens autre. Comme tout homme, « je suis un homme fait de tous les hommes » (Jean-Paul Sartre). Ce qu'ils m'apportent de plus précieux est l'incitation à me faire moi-même.

– Et toi à qui je lis ce texte et qui me regardes, tu ne vois ni Moïse, ni Michel-Ange, ni même la statue de Moïse par Michel-Ange. Ce n'est qu'une photographie, de l'encre et du papier. Mais tout cela a le pouvoir de te renvoyer à toi-même, non pas pour un constat mais pour une entreprise nouvelle.

Alors pour répondre à ta question première sur l'amour, c'est peut-être cet oubli provisoire des différences entre Moïse, Michel-Ange et moi. C'est parce que l'Autre est, en somme, que je suis.

– Tu as cité Freud dans ce texte. Est-ce que la part de l'inconscient dans nos comportements est un sujet qui t'a intéressé ?

– C'est un sujet pour lequel j'ai été aidé par un de mes trois fils, Pierre, qui a étudié systématiquement les textes sur la psychanalyse, et s'est demandé comment interpréter tel ou tel comportement. Pour moi, c'est un apport important, mais je n'ai jamais vraiment pu y trouver une explication à des choses complexes.

Je suis tout prêt à écouter, à m'enrichir, à sentir que l'autre m'apporte des quantités d'idées que je n'aurais pas eues tout seul, c'est surtout comme cela que j'essaie intérieurement de répondre à ta question. Au fond, il y a moi, il y a les autres, j'en ai fait un livre. Et, ces autres, je crois pouvoir dire que, spontanément, je suis ouvert à tout ce qu'ils m'apportent, j'ai confiance. Je m'aperçois que les idées apportées par les autres sont extraordinairement riches, mais une fois que je les absorbe, elles deviennent plus riches encore, tout naturellement, non pas parce que je suis meilleur qu'eux mais parce qu'il y a mise en commun de l'Autre et de moi. Cette mise en commun, il me semble pouvoir dire qu'elle ne m'a jamais joué de mauvais tours, aussi bien dans ma carrière d'ingénieur que dans la vie quotidienne.

— Tu as étudié les travaux de Freud, ceux de Lacan ?

— Très superficiellement. Pour moi, le point de départ a été un excès de religiosité, mais un excès très dommageable. J'ai cru ce qu'on me disait, en particulier dans l'Église. Et il a fallu que je me déshabille de ça. Oh ! combien ç'a été douloureux. J'en veux aux curés qui, au fond, ne pouvaient pas croire à ce qu'ils me disaient. Du coup, ce n'est que très doucement que j'ai pu changer. Encore maintenant, je subis une influence cléricale qui existe en moi, et il faut que je me batte contre elle.

– Cette influence, tu la retrouves sur des sujets particuliers ?

– Je la retrouve dans la réflexion sur la génétique, le commencement de la vie, etc. La religion interfère avec la biologie, c'est un fait. Je me suis efforcé de me détacher de ce que l'Église enseigne, et veut faire croire, à propos de la procréation assistée, par exemple. Dans tout ce qui concerne le lien entre la génétique en tant que science biologique et la religion. Au fond, les prêtres n'y connaissaient rien, ils présentaient très mal les choses, et il a fallu que je me débarrasse de cette attitude qui se voulait une attitude d'ouverture !

Tu ne reparleras pas de sentiments. Ton donjon secret, comme tu me l'as expliqué, reste-t-il un château fort pour te préserver de la force de l'inconscient ? Tu ne répondras jamais à cette question. Retranché, tu demeures à l'abri dans ton jardin préservé, ce lieu mystérieux où tu as semé les plus belles fleurs de poésie et cultivé une si précieuse naïveté.

Depuis quelque temps, tu répètes que tu as de plus en plus de difficultés pour écrire. Devoir dicter tes pensées te met dans une dépendance que tu ne parviens pas à accepter. Plusieurs fois, je t'ai encouragé, sans trop de succès, à te remettre devant cet ordinateur dont tu te tiens de plus en plus éloigné. Et, ce matin, je trouve dans ma messagerie ce mail venant de toi. Un texte que tu voulais m'écrire pour un document présentant mon engagement auprès des enfants du monde.

Ma chère Dominique,
Je te propose :
« Le moindre grain de sable existe, mais il ne sait pas qu'il existe. Seuls, semble-t-il, les humains sont capables de se savoir être,

capables d'ajouter au plaisir présent le bonheur anticipé de plus tard le revivre, "capable d'admirer Syracuse pour s'en souvenir à Paris". Cette performance inouïe, qui les distingue des autres vivants, leur permet de jouer presque à égalité avec le déroulement du temps. Ils ne se contentent pas de le subir, ils peuvent l'utiliser comme matériau de la construction de leur personne ; mais ce temps, dès l'enfance, et principalement durant l'enfance, leur est chichement compté. N'attendons pas qu'il soit trop tard pour les aider à devenir eux-mêmes. »

Je t'embrasse.

Albert

Pendant l'été de cette année 2012, je viens régulièrement pique-niquer avec toi. J'apporte dans mon panier malgache des gourmandises et nous nous installons avec une bouteille de bon vin. Tu es assis en bout de table, la lumière est belle, la cuisine est accueillante. Durant ces moments, tu aimes surtout me parler de toi, de ta famille, de chacun de tes petits-enfants, ceux de Paris, ceux de Besançon, et tour à tour tu nommes Aurore, Sarah, Marion, Chloé, ton arrière-petite-fille Louise, puis Simon, Nathan, Béryl et Julien.

Tu parles en regardant loin devant toi, comme si l'horizon se profilait au bout de la pièce, je comprends que c'est une façon de ne pas montrer ton regard qui pourrait trahir tes émotions. Mais aujourd'hui j'insiste.

– Souvent je sais que tu es très ému, mais tu ne le montres pas. Peux-tu me parler de tes émotions ?

Un silence. Le mot « émotion » est tombé, tu ne dis plus rien.

Combien de fois je t'ai vu bouleversé, comme ce jour à la médiathèque de Clichy. C'était lors de notre lecture-rencontre, à la fin des questions posées par les enfants. Je leur proposais de te dire comment ils avaient ressenti cet après-midi avec toi. Samir, un garçon de dix ans, avait levé la main et t'avait dit : « Albert Jacquard, je vous trouve formidable, et je vous adore. »

Spontanément, il s'était levé pour venir jusqu'à toi et t'avait embrassé.

Samir venait pour la première fois de sa vie à la médiathèque et, jusqu'à ce jour, personne ne lui avait appris que des hommes peuvent se dire « Tu es une merveille ». Devant la spontanéité de ce garçon, ton visage s'éclaira, ton émotion était grande.

Tes yeux exprimaient la même émotion que lorsque tu écoutes ta petite-fille Marion jouer Bach ou Schubert. Tu aimais tant le piano, la musique, les chansons, les voix.

Tu marques un temps, une pause, et tu me réponds.

— L'autre jour, je t'ai dit que mes émotions, c'est mon jardin secret. En fait c'est ma famille qui a joué le rôle essentiel de jardin secret. Cela s'est passé entre nous cinq, mes trois fils et nous, leurs parents.

— Quel genre de famille étiez-vous ?

— Une famille très fermée, qui est restée peut-être trop longtemps fermée sur elle-même. Bertrand, mon fils aîné, s'est détaché complètement le premier, puis, de façon beaucoup plus douce, Benoît et enfin Pierre.

— C'était une famille protectrice ?

— Le nid était confortable, et pour moi, le nid, c'est la famille. C'est la réponse à ta question initiale. Si je veux être honnête, il y a eu une famille de trois enfants, mais il y a eu des arrachements pour passer à une famille de personnes adultes. L'arrachement de Bertrand, qui s'est fait pour moi d'une façon incompréhensible, l'arrachement de Benoît plus facile à comprendre, il y a mis beaucoup de lui-même, et puis Pierre dont on ne peut pas parler car on en parle à chaque mot !

— C'est curieux que tu emploies ce mot arrachement, c'est un mot fort, un mot qui fait mal !

– Oui. Je n'ai pas prémédité ce mot. Je veux dire agripper, quelque chose qui a été agrippé et qui se relâche.

– Ce moment était donc très douloureux pour toi ?

– Oui, il m'a semblé que ce le fut plus encore pour Alix… J'ai pris beaucoup de peine à mettre tout ça en ordre.

– Je reste très surprise devant ce mot arrachement.

– Cette métaphore peut être présentée comme l'attitude des membres d'une famille. Nous étions une famille de cinq personnes, et la façon dont s'est passée peu à peu la dispersion m'a laissé un sentiment d'arrachement. Loin d'être une satisfaction immédiate, cela a été chaque fois une douleur. C'est comme le modèle des molécules constituées d'un noyau et des électrons qui tournent autour. Un jour les électrons s'en vont, ça se fait quelquefois très doucement, très confortablement éventuellement, mais bien souvent, c'est un peu dramatique. Mon rôle de parent aura été de ne pas juger cet événement. Mais la façon dont la famille Jacquard s'est dispersée ne m'a pas satisfait !

– Quel genre de père étais-tu ?

– Un père protecteur ! Abusivement protecteur. Je ne rendais pas service en faisant cela !

– Est-ce que tu partageais avec ta famille tout ce que tu faisais ?

– Ah çà oui !

Tu avais autour de toi, c'est vrai, une famille attentive et chaleureuse. Le 23 décembre, Brigitte, ta belle-fille, t'avait fait la surprise de m'inviter à fêter avec vous tous tes quatre-vingt-six ans.

Nous avions beaucoup ri.

Bien sûr, je t'avais chanté « Syracuse », dont tu ne te lassais pas.

Fasciné, tu avais ce regard légèrement naïf que nous aimions tous. C'était peut-être ta manière de cacher tes émotions ou de ne pas montrer ce grand bonheur que tu étais en train de vivre au milieu de ceux qui t'aimaient.

Tu viens de terminer une conférence et nous regagnons ensemble la table des dédicaces. Un monsieur s'approche et me dit : « Excusez-moi, madame, si je suis indiscret, mais est-ce que je peux vous demander quelle est votre relation avec M. Jacquard ? Vous paraissez si proches, si intimes. »

Je reste sans voix, incapable de répondre. Je ne m'attendais pas à une telle question, mais surtout je n'y avais jamais réfléchi. Nous partageons, toi et moi, de nombreux moments, nous nous retrouvons de plus en plus souvent, mais jamais je n'ai cherché à savoir pourquoi, ni ce que nous sommes l'un pour l'autre.

Je te rapporte la question de ce monsieur qui ne se voulait sans doute pas indiscret. Tout au plus était-ce quelqu'un de curieux, une personne touchée par la grande complicité qui émanait de nous. Voilà ce que tu m'as répondu : « Ni amants, ni amoureux, plus qu'amis, nous sommes la rencontre qui devait avoir lieu. Tout classement serait une trahison. Nous sommes inclassables. La prochaine fois, si on t'interroge, tu leur diras qu'Albert Jacquard et Dominique Dimey sont des êtres indissociables dans leur enthousiasme, au service de la pensée et de la musique. »

En portant à l'écran une magnifique histoire de solidarité humaine, le film *Les Intouchables* a connu un immense succès. Nous, nous devenions « les inclassables », une qualité bien moins connue.

– L'autre jour, nous parlions de l'intelligence et tu m'as dit que tu t'en méfiais. L'intelligence, en quoi ça consiste, et est-ce qu'il existe une non-intelligence ?

– Oui il existe une non-intelligence. C'est même par là qu'il faut commencer. On est là pour dire les choses telles qu'elles sont. Eh bien, cette non-intelligence, je l'ai rencontrée dans l'armée au niveau des sous-offs. J'ai l'air d'être raciste, affreusement méprisant, mais, effectivement, j'ai été effaré par l'absence d'interrogations manifestée par ces sous-offs. Ils venaient de faire la bataille d'Italie et avaient participé aux combats de l'armée de de Lattre de Tassigny. Ils avaient été courageux, ce qu'ils avaient fait était merveilleux, et quand on leur demandait d'en parler, ils n'avaient rien à en dire, franchement rien. Mon expérience de l'armée a été l'expérience du vide.

– L'expérience du vide… tu veux dire que tu n'as rien appris ?

– Non, rien ! Ah si, j'ai appris à marcher au pas !

– C'était utile ?

– Bien sûr que non !

– En fait, tu as perdu ton temps pendant six mois ?

– Oui, du fait même des militaires ! J'étais militaire, donc j'étais en position de perdre mon temps en permanence !

– C'est une belle définition !

– Pour moi c'est la définition du militaire. Le militaire est quelqu'un qui ne sait pas pourquoi on lui a donné un ordre, mais qui l'exécute !

L'énergie que tu mets à manifester ton antimilitarisme est étonnante et je savoure ton esprit de révolte. Tu le sens, et parfois ton regard te donne presque un air cabotin.

– Je me souviens de conversations, entre nous qui venions d'entrer dans l'armée et les vieux sous-offs. Enfin, vieux, ils avaient trente ans ! Nous leur posions ce genre de questions : « Dis-moi ce qui te reste des semaines qu'on vient de passer ? – Oh, moi, la seule chose qui m'a intéressé, ce sont les femmes », répondaient-ils. Les femmes pour eux, c'étaient des poupées gonflables. Une poupée gonflable, une fois que c'est dégonflé, on l'abandonne, on passe à la suivante. Une vision des rapports hommes-femmes totalement bloquée sur le fait qu'une femme, ça se gonfle. C'était le mépris pour les femmes. Les femmes sont des objets, elles sont là uniquement pour qu'on s'en serve, pour qu'on les possède ! Ce que je viens de dire est scandaleux, monstrueux, eh bien pourtant, c'était le tout-venant de la pensée de ces braves sous-officiers !

– J'entends bien, mais ce souvenir témoigne de la sottise de ces hommes. Pourquoi te méfies-tu de l'intelligence ?

– Parce que justement ces sous-offs étaient intelligents, beaucoup d'entre eux en tout cas, sous l'angle de la capacité à raisonner, à avancer. Et cette capacité, ils la mettaient au service de la réussite de leurs projets de domination des femmes. Finalement, on peut être très intelligent, pour ce qui était de la capacité à raisonner, et ne rien avoir appris ou imaginé de ce qu'est une femme !

– Je suis curieuse de savoir : qu'est-ce qu'une femme ?

– Qu'est-ce que c'est, une femme ? Je n'ai évidemment pas de réponse à cette question ! Le fait qu'elle soit femme prouve quoi ? Qu'elle a un utérus, certes. Mais ce n'est pas ça qui est passionnant. Par conséquent il ne faut pas répondre à la question : qu'est-ce qu'un homme ou qu'est-ce qu'une femme ? La différence est insignifiante.

– Est-ce qu'ils sont forcément complémentaires ? Est-ce que la complémentarité est une notion intéressante ?

– Je dirais non, ce n'est pas une notion essentielle parce que l'autre est complémentaire de moi, de toute façon, qu'il soit un homme ou une femme. Par conséquent, je ne vais pas faire le tri entre hommes et femmes, mettre d'un côté ceux qui sont intéressants du point de vue de l'humanité et de l'autre, tous les autres. Le jeu des sexes est un jeu d'opposition. J'ai besoin de vivre avec une personne du sexe opposé, de la comprendre, de partager du temps et de m'y opposer. Un couple n'est que cela : un face-à-face en opposition et réactions différentes. La différence ne crée certes pas la facilité mais elle apporte la fécondité. En fait, les hommes sont différents des femmes comme l'autre est différent de moi ; et c'est très suffisant. Donc l'idée que les humains masculins sont particulièrement différents des humains féminins est une idée excessive. Au fond je n'ai pas à m'interroger sur ce qui fait leur différence, je n'en sais rien. Ce n'est pas plus intéressant que ce qui fait la différence de tel ou tel, masculin ou féminin. Cela me semble important, mais j'ai mis longtemps à le comprendre, très longtemps, trop longtemps !

– Pourquoi trop ?

– Parce que, s'attacher à la différence du masculin et du féminin empêche de comprendre l'essentiel, qui est l'altérité d'autrui. Me demander devant un être humain : est-ce un homme ou une femme ? n'a pas d'intérêt. En fait la séparation, le classement – on y revient à propos de la différence entre hommes et femmes –, c'est toujours une trahison !

– Le couple n'est pas obligatoirement composé d'un homme et d'une femme, ce peut être un homme et un homme, une femme et une femme ?

– On peut le dire comme ça, mais… Je vais essayer d'être intelligent pour te répondre. Ce n'est pas ça qui compte. Le fait qu'une femme soit une femme, un homme un homme, est secondaire ou devrait l'être par rapport au fait qu'ils sont tous les deux humains. Je suis enfermé dans ma qualité d'homme par rapport aux femmes, et c'est excessif, j'en prends conscience maintenant.

– Je ne comprends pas bien. Dans ta vie tu as rencontré Alix, elle a été ta femme ?

– Ce n'est pas parce qu'elle était ma femme… D'ailleurs ce possessif est épouvantable. Et pourtant c'est ce qui s'est produit, elle a été « ma » femme, je dirais presque qu'elle est devenue plus que ma femme au fur et à mesure qu'elle a été moins féminine, ou que la dimension féminine d'elle a été peu à peu – comment dire ? – non pas gommée mais rendue moins vive qu'elle ne l'était au départ. On dit parfois qu'un homme, au sens masculin, est toujours trompé puisqu'il épouse une jeune fille et qu'il vit avec une femme mariée, laquelle n'est pas celle qu'il a épousée. Je crois que c'est une plaisanterie de mauvais goût, et c'est surtout une plaisanterie qui n'est pas conforme à la vérité. J'ai épousé un être humain féminin, mais cette dimension féminine ne s'est pas exacerbée, au contraire, elle a peu à peu diminué, elle a laissé la place à un être humain qui se trouve être féminin mais qui aurait pu ne pas l'être !

– C'est compliqué !

– Oui, c'est compliqué ! J'ai mis une vie entière à m'en rendre compte. Le conseil que l'on donne aux jeunes garçons, c'est d'être virils, c'est un mauvais conseil, il faut que je sois viril bien sûr, mais il faut aussi que, tout en étant viril, je fasse de la place à ce qui n'est pas lié à la virilité. Il faut que je laisse de la place à mon opposant. J'ai besoin que l'Autre soit différent de moi. Alors, tout naturellement, ça va amener à donner de l'importance à la virilité, au « vir », mais c'est de façon abusive.

Tandis que des foules déambulent contre le mariage pour tous dans Paris et en province, j'essaie d'aborder un sujet dont nous n'avons jamais parlé jusque-là.

– Est-ce qu'on peut parler de l'homosexualité ou est-ce que ça te dérange ?

– Je pense, ce que je vais dire paraît excessif, qu'il m'a fallu quatre-vingt et quelques années pour être capable de dire ce que je viens de te dire. Il me reste à espérer que je dispose de suffisamment de temps devant moi pour intérioriser ce que je viens de dire.

– Il y a quarante ans, face à un couple homosexuel, tu te sentais comment ?

– Il n'y avait pas de jugement mais le constat d'une différence devant laquelle j'étais craintif. Tu m'as demandé : est-ce que ça te gène de parler de ça ? Ma réponse est : oui !

Je respecte.

– Tu vois, je sens que je deviens adulte depuis ces dernières années. Être adulte à quatre-vingts ans, ce n'est pas commun. Surtout, j'ai l'impression de devenir responsable.

– Qu'entends-tu par « devenir responsable » ?

– C'est être là, participer. Vivre est un cadeau formidable, un coffre-fort plein de richesses. Oui, participer ! J'essaie d'être celui qui répond.

– Lorsque nous étions à l'école Albert-Jacquard de Le Genest-Saint-Isle, un petit garçon était venu me confier qu'il aimerait bien être intelligent comme Albert Jacquard. Il croyait sincèrement que j'allais pouvoir lui donner la recette pour l'aider à devenir un futur Albert.

– Tu aurais dû lui répondre qu'on n'est pas intelligent comme Albert ou comme un autre, on le devient. Devenir intelligent, c'est se créer soi-même. Je suis intelligent de l'intelligence des autres. Le cerveau nous rend intelligent. Il nous rend capables de regarder, de comprendre, de nous interroger, d'avoir des émotions… Mais l'essentiel, c'est l'usage que nous faisons de cette intelligence pour rencontrer l'Autre.

L'Autre, quel qu'il soit, est ma richesse, et je ne peux pas me priver de cette richesse.

— On parle de deux intelligences, de deux cerveaux. Le cerveau de la raison et le cerveau du cœur.

— C'est une façon de parler. Je ne crois pas au cerveau du cœur ! L'intelligence, c'est une affaire de cœur et de tripes. Si on est intelligent seulement avec son cerveau, c'est pauvre. Moi, je comprends avec mes émotions, peut-être pas les équations, mais les choses essentielles.

— Tu ne crois pas à l'intelligence du cœur ?

— L'intelligence du cœur déborde ce que le cœur nous donne, mais c'est juste une façon de s'exprimer, ce n'est guère plus. Nous avons à fabriquer une humanité que nous aurons choisie, il me semble que c'est ça le rôle des hommes.

— L'intelligence du cœur, c'est peut-être les émotions, l'intuition, les sentiments, ce qui ne peut être dans la raison et l'analyse.

— Et pourquoi ça ne pourrait pas y être ? Ce serait un programme, que de mettre le cerveau intelligent au service du bonheur. C'est au nom du bonheur qu'on va inventer, qu'on va créer.

C'est sûrement la première fois que je t'entends me parler du bonheur. Autant tu émailles nos conversations de mots tels que l'autre, les autres, la vie, la rencontre bien sûr, autant ce mot, bonheur, reste enfoui. Est-ce pour mieux le protéger ? Ou peut-être parce que tu t'en méfies ?

— Une attitude de vigilance me semble nécessaire à l'égard de soi, de ses propres réactions, à l'égard de l'autre aussi. Ce mot, « vigilance », est un mot qui résonne en moi, je trouve que nous ne faisons pas assez preuve de vigilance.

— C'est un mot qui me semble surtout rimer avec l'intellect. C'est le cerveau qui rend vigilant, pas le cœur.

— Justement, le cerveau l'emporte sur le cœur, et de très loin ; c'est là qu'on pourra être fier d'avoir réalisé une humanité vigilante. On est en train de perdre complètement la vigilance et de la remplacer par le réflexe. Le réflexe est mauvais, il se déclenche en une fraction de seconde, alors que le raisonnement est longuement médité. Il faut méditer devant l'être humain, il ne faut pas se contenter d'être passif devant ce que la nature nous donne.

— J'ai lu de nombreux ouvrages, très intéressants, sur l'intelligence du cœur.

— Oui, je le vois, mais je reste un peu sceptique.

– Bien souvent les gens qui assistent à tes conférences, ou ceux qui lisent tes livres, te disent : « Je me sens plus intelligent après vous avoir lu ou écouté… » En tout cas, moi je peux te dire que je me trouve plus intelligente lorsque je parle avec toi.

– On devient intelligent en se posant des questions et on commence à devenir idiot quand on a les réponses. Mais l'intelligence se développe surtout par les chocs, quelle que soit leur nature. Par exemple un chagrin d'amour peut déclencher quelque chose de considérable, vous amener à beaucoup travailler et à devenir bon en maths ! Nous sommes à la merci des grands chocs. Ils font bifurquer notre intelligence. Et c'est ainsi qu'elle se développe. Je crois vraiment qu'il est nécessaire pour tout un chacun d'être un peu chaotique, le désordre, de temps en temps, n'est pas une mauvaise chose. D'un seul coup, tout est remis en cause, cela crée de l'indétermination, de l'imprévisibilité. Au fond, c'est cela, vivre. Il est bien que demain ne soit pas dans aujourd'hui, il faut accepter qu'il soit autre et inattendu. Et puis, les chocs sont utiles, ils déstabilisent les certitudes.

– Lorsque tu parles de choc, est-ce que cela peut être une émotion provoquée par un tableau, un poème ?

– Oui. Au lieu de fermer mes yeux et mes oreilles, j'accepte d'être troublé et déstabilisé.

– Est-ce que l'intelligence peut se détruire ?

– Oui, elle peut s'effondrer très vite lorsqu'on ne communique plus, lorsqu'on n'échange plus.

– Une étude dit que, aujourd'hui, les enfants regardent la télévision plus de deux heures par jour et chaque jour de leur vie dès l'âge de quatre ans. Penses-tu que cela puisse nuire à leur intelligence ?

– La télévision peut être terrible car elle fait des gens passifs. La télévision parle, mais elle n'écoute jamais !

J'aime cette phrase.

Savoir écouter est un des grands sujets de notre société. Les grandes personnes savent-elles s'écouter, écouter l'autre, écouter les autres ?

– L'enfant a besoin d'échanger et de se confronter à l'Autre.

– Est-ce que ceux qui comprennent plus vite ont une intelligence plus grande ?

– Ce qui compte dans les idées, c'est de les intérioriser, et on ne peut les intérioriser qu'en les vivant. Cela prend du temps. Comprendre c'est créer en soi une nouvelle structure mentale, ce ne peut être qu'une longue construction. La vraie richesse intellectuelle, c'est d'abord de se poser des questions.

— Quel rôle la mémoire joue-t-elle dans l'intelligence ?

— Nous avons tous une mémoire d'éléphant.

— Plus ou moins. En tout cas, Albert, ta mémoire m'impressionne beaucoup !

— Un jour à l'armée, je m'ennuyais tellement que j'ai cru que j'allais devenir fou. Il n'y avait rien à lire ! Je me suis obligé à mémoriser le nombre *pi* jusqu'à vingt-cinq décimales. Je les connais encore, mais il n'y a pas de quoi être fier. Les fous, eux, apprennent cinq cents décimales ! Dans un coin de mon cerveau, j'ai des neurones qui ne font que ça : 3,14159... Ce qu'il faudrait noter, ce n'est pas la capacité de mémoriser, infinie pour tous, mais la capacité d'évoquer, d'aller rechercher le souvenir. C'est un véritable exercice ! Le propre de l'intelligence, c'est l'imagination, le questionnement.

— Intelligence et amour, est-ce qu'il est juste de les associer ?

— L'intelligence n'existe que si elle incorpore l'amour. Aimer, c'est avoir un rapport particulier avec quelqu'un. Ce rapport-là fait-il partie de l'intelligence ? À mon avis oui.

– Que penses-tu de cette phrase de Paul Vaillant-Couturier : « L'intelligence défend la paix. L'intelligence a horreur de la guerre » ?

– Je suis totalement d'accord. La guerre est la preuve d'un échec complet de l'intelligence. C'est une espèce d'échappatoire stupide. Toute guerre est perdue d'avance. Aucun problème n'a été résolu par la guerre. Il faut supprimer l'idée de violence, l'idée qu'elle est utile. Quel plus bel objectif que d'imaginer et de réaliser une humanité enfin pacifiée ? Devenir enfin intelligent au XXIe siècle.

Ce soir-là nous dînerons plus tard, les plats seront froids, mais c'était bon de t'écouter parler avec tant d'intelligence.

À l'école de Crissé-Pezé, petit village proche du Mans, ta venue restera certainement un moment rare. Lorsqu'il avait été demandé aux enfants pourquoi ils t'avaient choisi parmi d'autres personnalités pour nommer leur école, ils avaient dit : « Parce qu'il est connu pour ses combats et ses bonnes actions. Parce qu'il est humaniste, il croit en l'être humain. Parce que, pour lui, nous sommes l'avenir, nous sommes les personnes qui feront la société de demain, parce que pour lui tout le monde est intelligent. »

Les questions des enfants de CM2 étaient très pertinentes. Alors que nous parlions de la terre et de l'univers, l'un d'eux se hasarda et te demanda : « Qui a créé Dieu ? »

Tu profitas de cette question pour dire d'une voix paisible et rassurante : « Je n'ai pas de réponse et je te conseille de te méfier de ceux qui t'en donneront une, car il y a des questions que tu te poseras toute ta vie. Mais il y en a de plus urgentes que celle-là : puisque nous sommes en train de parler de l'avenir de notre planète, comment vont vivre tes enfants ? Comment la Terre va-t-elle évoluer ? »

Les enfants se regardèrent, surpris par cette réponse qui leur apportait de nouvelles questions.

Durant notre pause, je te questionne sur le sujet.

— Nous répétons sans cesse que nous laissons la Terre en héritage à nos enfants, mais, dis-moi, quel héritage ! Les hommes l'ont quand même bien pillée, cette Terre ?

— Je crois qu'il est temps de prendre conscience qu'on est au bout du chemin, pas tout à fait, c'est vrai, mais ça se compte en millions de tonnes de pétrole ou de je ne sais quoi. Ce n'est presque rien. Entre ce qu'il y avait lorsqu'on a pris en main la planète et ce qui reste maintenant, on se dit que les salopards sont passés par là !

— C'est nous les salopards ?

– Oui, c'est nous, et il est temps d'arrêter !

– Comment faire ? On a besoin de boire, de manger, de se déplacer !

– On a moins de besoins qu'on ne le pense. Il faut retourner à la raison. Qu'on le veuille ou non, on devra devenir économes. Si on veut que deux ou trois générations d'humains nous succèdent, il faut arrêter de piller la planète ! C'est vrai en particulier pour l'énergie, il faut un changement radical !

Tes paroles, ton indignation me rappellent les mots de Nicolas Hulot. Il y a dix ans, malgré toutes les railleries d'une intelligentsia sourde et aveugle, il avait osé lancer le Défi pour la Terre. Il avait été pourtant l'un des premiers à agir et à se battre. Je n'ai jamais douté de la sincérité de cet homme qui, pendant trente ans, a parcouru la planète pour nous la montrer et nous alerter. Il a rencontré des ethnies aujourd'hui anéanties, des trésors végétaux et animaux à jamais disparus…

– Tu crois qu'on y arrivera ?

– Oui, nous n'avons pas le droit de faire l'hypothèse inverse.

– Crois-tu que notre société soit prête à adopter un mode de vie très différent ?

— Il faut qu'elle comprenne que ça ne peut pas durer. C'est le diagnostic d'une folie !

— Tu as dit tout à l'heure : « Il faut que le temps de la raison arrive. » Mais est-ce que les hommes sont raisonnables ?

— Quelques-uns le sont. Il y a ceux qui peuvent tirer la sonnette d'alarme, c'est là où Yann Arthus-Bertrand, Nicolas Hulot ou Théodore Monod font ou ont fait du bon travail.

— Les gens ne pensent pas à demain, ils vivent dans l'immédiat.

— C'est justement le rôle de ceux qui ont la chance de pouvoir penser, de mettre ces évidences devant eux. C'est cela le rôle des intellectuels. Nous sommes une société endormie. Nous sommes sur le *Titanic* en train de couler et chacun cherche à s'approprier la meilleure cabine.

Le lendemain, nous sommes accueillis à Rouessé-Vassé. Le maire et son équipe nous ont réservé une jolie surprise. Une vingtaine de personnes nous attendent devant le colombier de Vassé. C'est un édifice du XVIe siècle qui a pu être restauré grâce à une idée originale de l'association du patrimoine local. L'association propose à la population et aux visiteurs de devenir, pour un siècle, propriétaires d'un nid du pigeonnier. Toute personne qui souhaite y déposer un trésor, le souvenir d'un amour, d'une rencontre, un message, peut glisser dans une des deux mille niches son objet ou son enveloppe.

Ainsi, en multipliant le prix de cette location d'environ cinquante euros par deux mille nids, l'association a pu réunir l'argent nécessaire à la remise à neuf du bâtiment.

Le colombier, superbement réhabilité, se dresse non loin de la forêt. À l'intérieur on nous remet à chacun une enveloppe avec un carton sur lequel est écrit : « Nous avons le plaisir de vous confirmer l'attribution d'un nid dans le colombier de Vassé. Ce nid porte le numéro 453 et vous est offert par la mairie de Rouessé-Vassé, avec nos compliments. »

Je te regarde, émue, surprise. Tu es mon voisin de nid au numéro 452. Nous sommes tous les deux très touchés par cette attention. Nous parlerons très souvent de ce joli moment et nous avions projeté de retourner à l'automne visiter les alentours de ce village.

Au gîte La Cassine, où nous sommes hébergés, nous nous offrons une promenade dans un bois de sapins, puis la visite d'un potager expérimental et nous prenons en direct une leçon de vie, en regardant, fascinés, une maman hérisson avec ses petits tout juste nés.

Tu ne peux t'empêcher de dire : « Je suis émerveillé devant cette diversité ! Pourquoi les hérissons ont-ils le dos hérissé de piquants ? On ne va pas chercher les pourquoi, mais on va trouver des parce que ! Je suis là, je les regarde, et je me dis : "Comme la nature est belle ! Elle mérite vraiment qu'on la protège." »

Lors de cette longue promenade faite à ton rythme, dans les odeurs de bois et de feuilles humides, nous évoquons l'état de notre planète, son piteux état. C'est un sujet qui te préoccupe beaucoup.

– Le voyage de l'homme sur la Lune et surtout les images de la Terre que les astronautes en ont rapportées ont eu, sur notre inconscient, un impact extraordinaire. Nous avons compris soudain que notre Terre, jugée inépuisable, était en fait toute petite, que nous ne pourrions pas nous en échapper et que nous devions, soit en prendre soin, soit disparaître… Nous sommes aujourd'hui plus de sept milliards. Dans une génération, nous serons plus du double, ce qui se traduira par d'énormes migrations humaines. Cela pose la question des ressources naturelles.

Dans les bouquins d'économie, on apprend que la valeur est la caractéristique de ce qui est à la fois utile et rare. Le pétrole par exemple. Mais on n'y parle pas de ce qui est utile et non rare, à savoir l'air ou l'eau. Or, sur une Terre limitée, tout devient rare. Il nous faut apprendre à vivre avec cette idée ; mais il faut agir vite, car, aujourd'hui, l'humanité est en train de se suicider.

– Est-ce que nous sommes trop nombreux ?

– La question ne s'était jamais posée : nous n'étions que quelques centaines de millions au début de l'ère chrétienne et à peine plus d'un milliard au XIXe siècle. La véritable explosion est survenue au cours de la seconde moitié du XXe siècle. Cette soudaineté explique que l'humanité n'ait pas su prendre les mesures qu'exigeait un tel bouleversement. Il aurait fallu, pour commencer, définir un objectif collectif dans la continuité de la Déclaration universelle des droits de l'homme. Cet objectif aurait dû être une répartition aussi égalitaire que possible des ressources disponibles. Adopter cette direction impliquait une diminution de la part que s'attribuent les plus riches, les plus puissants, donc une décroissance de leur consommation. Oui, le comportement de notre espèce est tel qu'il y a aujourd'hui trop d'humains. Mais ceux qui sont provisoirement en trop, il ne faut pas les chercher dans les bidonvilles, ils sont dans les quartiers chics et dans les banlieues cossues.

Le vent se lève, nous rentrons doucement.

La nature est belle, nous sommes là, tous les deux, les pieds posés sur la terre, devant ces arbres forts, solides, les arbres que tu aimes tant. Je ne sais pourquoi, je pense au *Petit Prince*. Me revient ce texte que tu m'avais lu un jour à Paris.

Un jour, je me suis senti devant le ciel très impressionné. C'était au milieu du Tanezrouft, le vrai désert, un désert où il ne pleut jamais, où il n'y a rien, même pas de dunes. C'est plat, il y a des cailloux, puis voilà la nuit, le ciel, et je me souviens d'avoir eu froid, de m'être réveillé, de m'être levé, de m'être éloigné de l'endroit où dormaient mes camarades, et j'ai été pris, mais très profondément, par une impression à peine supportable : il y avait la terre sous mes pieds, plate, il y avait toutes ces étoiles là-haut, et moi au centre du monde.

Moi, au centre du monde, qui attirais l'attention des étoiles et j'avais l'impression que ce n'était peut-être pas une chose à faire. Qu'est-ce que j'étais en train de faire là ?

Et puis aussi ce sentiment d'être à peine posé sur la Terre, d'être autant attiré vers le haut par les étoiles que vers le bas par la terre, et qu'un souffle, un rien, aurait pu faire qu'il m'arrive l'aventure qui est arrivée au Petit Prince après la morsure du serpent, et je me suis dit à ce moment-là que Saint-Exupéry n'avait pas eu besoin d'imagination, il avait simplement senti que, s'envoler vers une étoile ou tomber comme un cadavre de Petit Prince sur la Terre, c'était au fond équivalent.

C'est équivalent car le monde n'existe que parce que je le regarde. En tout cas, le monde est beau parce que je le regarde. Autrement dit, c'est moi qui le crée.

Nous fîmes une lecture-rencontre au Salon de l'éducation, porte de Versailles, puis au Salon du livre jeunesse de Montreuil, dans un brouhaha épouvantable, devant de nombreux enfants que tu savais si bien captiver et qui t'écoutaient, fascinés et troublés. Mais ces exercices étaient devenus fatigants pour toi et je dus alléger le programme de nos voyages.

Les dernières tournées que nous avons effectuées étaient plus proches de Paris : Clichy, Rosny-sous-Bois et Bouqueval, près de Roissy.

Durant tes conférences, tu répondais à toutes les questions que le public te posait, et, quel que soit le sujet – l'éducation, le nucléaire, l'intelligence, le rôle de la science, la religion –, tu n'esquivais rien. Tu avais pour habitude de placer des éléments récurrents, des phrases, des citations qui agrémentaient tes discours et que tu passais aux auditeurs comme des clés. Tu citais souvent la phrase d'Einstein selon laquelle, s'il éclatait un conflit nucléaire, il n'y aurait plus personne pour écouter Mozart. Pour toi, cette phrase résumait tout : « Quand il n'y aura plus d'hommes, la beauté du monde aura disparu. Le monde est beau parce que je le regarde. Mozart est beau parce que je l'écoute, et s'il n'est plus d'hommes pour l'écouter, ce ne sont que vibrations dans l'air. Moi, je l'écoute et je rends Mozart beau. Je contemple les étoiles et je les rends belles. Peut-on imaginer meilleure motivation à travailler à éviter la mort de l'homme ? La plus belle motivation est que nous n'avons pas le droit de priver le monde de sa beauté et qu'il ne sera plus beau si l'homme n'est plus là pour l'admirer... »

À Bouqueval, nous avions passé l'après-midi dans la petite école qui portait ton nom. Une école perdue entre les champs, polluée par le vacarme incessant des Boeing, véritables monstres d'acier qui striaient le ciel toutes les minutes. Le soir, tu avais fait une miniconférence devant un public peu nombreux. La plupart des personnes étaient issues de la communauté turque. Personne ne posait de questions, simplement parce que peu comprenaient le français. Pourtant tu les fascinais. Ils n'avaient visiblement pas eu l'occasion jusque-là de voir de près un vieil homme français mettre tant de passion pour leur expliquer, par exemple, ce qu'est une société idéale : « La société idéale, c'est une société où la plus grande partie des gens ne serait pas conforme à des normes, mais aurait la possibilité de choisir son devenir. Tout en sachant, il va sans dire, qu'il leur faut vivre ensemble, sans que personne nuise à personne. D'ailleurs, ce potentiel d'autoconstruction qui est le propre de l'homme, à la fois repose sur l'apport des autres et suppose le respect d'autrui. »

Le public avait fortement applaudi. Et j'avais été très touchée par cet homme qui avait levé la main pour dire, dans un français maladroit, que jamais il n'avait entendu quelqu'un parler ainsi, qu'il avait beaucoup appris et qu'il allait réfléchir à tout ce qui avait été dit.

Oui, tu étais bien un diffuseur d'idées qui franchissent les frontières.

Tous les projets de voyages et de rencontres te séduisaient.

Nous connaissions tous les deux Stéphane Hessel et nous avions envisagé d'organiser ensemble un voyage à Madagascar pour lancer un appel contre la misère à l'occasion de la journée du Refus de la misère.

Tu me posais énormément de questions sur Madagascar que je connais bien, pour y aller presque chaque année chanter et retrouver un groupe d'enfants des rues dont je m'occupe particulièrement. Tu étais révolté devant la misère dans laquelle vit la majeure partie de la population malgache. Ce projet avec Stéphane Hessel t'excitait beaucoup, tu étais si déterminé que je m'en inquiétais.

« Tu sais Albert, Madagascar, c'est dix heures d'avion. » Tu m'avais répondu : « Et alors ? Ça ne fait rien, je ne conduis pas l'avion ! Moi, dans un avion, je dors ! »

Ce qui était formidable avec toi, c'est que tout semblait possible.

Malheureusement, Stéphane Hessel se trouva totalement submergé par la vague que provoquait à ce moment-là le succès de son manifeste *Indignez-vous !* Et, gentiment, il me téléphona un matin de septembre pour s'excuser, reporter notre voyage et fixer une date pour nous retrouver tous les trois afin de le préparer.

Le rendez-vous n'eut pas lieu et c'est dans la cour des Invalides que nous sommes allés, bien tristes, dire au revoir à ce grand monsieur que tu aimais beaucoup et dont tu te sentais très proche.

– Vous vous connaissiez bien ?

– J'ai fait sa connaissance chez Ariane Mnouchkine au Théâtre du Soleil. C'est là qu'on s'est rencontrés pour la première fois. Je me souviens de notre conversation, j'avais écrit un texte assez violent contre les autorités de l'époque. Je montre mon texte à Hessel en lui disant : « J'ai l'impression que vous ne serez

pas d'accord, parce que c'est un peu trop violent. » Il l'a lu et il a dit : « Oui, c'est violent,
mais c'est comme ça qu'on vous aime. Surtout
continuez ! » Il m'a semblé que l'argument
était décisif : « On vous aime comme ça. » On
s'est vus plus d'une vingtaine de fois. Je ne me
suis pas rendu compte de ce que cela signifiait.
Maintenant je le sais : ce n'est pas mal ! De la
légitimité d'être aimé par Hessel !

Cette cérémonie rendue en hommage à ce
grand résistant est un moment très solennel et
très émouvant. Assise à tes côtés, je ne peux
m'empêcher d'imaginer les images qui défilent
dans ta tête. De nombreuses personnes viennent
te saluer, notamment un jeune photographe
africain qui ne cesse de te remercier pour tout
ce que tu fais pour les autres. C'est quelque
chose qui revient chaque fois, lorsque les gens
s'adressent à toi : ils te remercient de les avoir
éclairés, de les avoir conduits dans une sphère
plus lumineuse qui leur donne les armes pour
réfléchir et comprendre le monde.

Lorsque je te retrouve au lendemain de cet
hommage, tout naturellement, c'est toi qui
lances notre conversation sur la mort.

– Tu vois, penser à la mort, à ma mort, me paraît étrange.

– Pourquoi étrange ?

– Parce que, depuis quatre-vingt et quelques années, je suis obsédé par l'idée qu'il y aura une fin. Et, alors qu'elle s'approche, elle ne m'obsède plus du tout. Cette idée a perdu son poids. Dans le cheminement interne du bonhomme, au fond, l'inéluctabilité de l'événement final me semble de peu d'importance, alors que c'était tout au long de ma vie comme une espèce de miroir fêlé dont on sait qu'il va finir par se briser. Les autres hommes sont mortels mais pas de la même façon que moi. La mortalité des autres est un événement qui m'échappe. Je parle de ça parce que l'échéance s'approche. C'est comme si c'était présenté sur un plateau : voilà ce qui vous attend.

– Tu as le sentiment d'être arrivé au bout de ton chemin ?

– Non, ce n'est pas le résultat d'un raisonnement, c'est surtout le constat que je n'ai pas de réaction affective très profonde concernant la mort de ce personnage qui est moi.

– Tu sais ce que cela provoquera chez tous les autres.

– Oui, mais, au fond, ce n'est pas raisonnable. Il va y avoir des changements pour ma famille évidemment, pour chacun d'entre eux. J'espère que, pour eux, cela restera un événement limité dans le temps, qu'ils ne vont pas ressasser ça.

Je me hasarde, il y a des phrases que je n'ose pas prononcer, peut-être pour respecter ta pudeur à livrer tes sentiments ou à laisser paraître une émotion.

– Tu n'as plus peur de mourir ?
– Avant, je me disais : « Mon Dieu, quand je serai vieux, j'aurai peur de mourir. » Je m'aperçois que je suis vieux et que je n'ai pas peur de mourir. Ce n'est pas parce que je suis devenu tout à coup courageux, non, c'est comme ça. Ça doit être fait pour, comme on dit !
– Quand tu étais enfant, comment te représentais-tu la mort ?
– Quand j'avais dix ans, la mort était un personnage historique intervenant dans ma vie. Ce n'était pas une anecdote, mais l'accumulation de preuves indiquant que ça aurait lieu. Maintenant, oui, ça aura lieu, mais ce n'est pas grave ! Je crois que cet événement personnel a disparu derrière l'horizon.
– Peut-être parce que, quand tu étais enfant, tu as rencontré la mort avec l'accident dont

tu as été victime avec tes parents et ton frère. C'était ta première confrontation avec la mort.

– Oui, mais je crois que ce n'était pas la mort qui comptait, c'était la souffrance, et la souffrance n'était pas grande, donc c'était un non-événement. Ce qui me permet d'accepter l'image que j'en ai : moi, Albert, debout au milieu de la route, absorbant l'événement. Mais en fait cela ne me concernait presque pas. Je me suis vu, comme un être distinct de moi, et j'ai peut-être passé une trop grande partie de ma vie à me remémorer ce que j'avais vu ce jour-là, si bien que maintenant, contrairement à ce que je faisais quand j'avais vingt ans, où je me repaissais de ça, je ne le rumine plus. Ce qu'il me reste à vivre, c'est autre chose qu'une anticipation de ma mort. Maintenant que je me suis beaucoup rapproché, plus que jamais, de la mort, elle est beaucoup plus présente, bien entendu, mais en même temps la vie est beaucoup plus désirable. Ce qui est désirable, c'est ce qui se passe avant, et – comment dire ? – ce qui vient après, ce qu'on appelle la mort n'est pas définissable. Il n'y aura personne pour vivre ma mort. Je m'aperçois que ma vie est riche, j'espère que ça durera longtemps. Pourquoi pas ? Il faut en tout cas que j'en fasse l'usage le plus riche possible. Il se trouve qu'il y a une accumulation de petits événements qui confortent cette position-là : avant-hier ou hier j'ai reçu des mails qui me permettent de sentir la vie en moi, justement parce que la mort est en face. C'est une coïncidence merveilleuse : une dame ou demoiselle de Saint-Pétersbourg m'envoie une lettre qui ne peut que m'enthousiasmer. Elle a ressenti en moi, elle le dit très bien, le plaisir de vibrer avec l'univers, et je m'aperçois que je suis riche de quantité de gens qui ont des parcours auxquels je participe sans qu'ils le sachent.

– Est-ce que tu te souviens de ce moment ? À la médiathèque de Clichy, pendant une lecture-rencontre, tu avais cherché dans l'encyclopédie la définition du mot « vie » et en la lisant tu n'avais pas eu l'air satisfait !

– Non, parce que la vie est une vibration. L'image que j'en ai, et c'est la première fois que je le dis comme cela, c'est celle d'une onde : le monde, notre univers, est une onde. On n'y réfléchit jamais assez. Cette onde que je vois bouger, comment fait-elle pour bouger ? Elle ne bouge pas ! Je regarde les vagues qui, peu à peu, s'atténuent, mais l'eau qui est dans la vague, je la vois s'approcher comme l'ont vue s'approcher les habitants de Fukushima, alors que les molécules d'eau, aucune d'entre elles, ne s'approchent jamais du bord ; il n'y a en réalité que des mouvements de bas en haut. Si on regarde une onde, les objets qui bougent vont de bas en haut en permanence, alors que l'image que j'en ai s'approche du bord. Mais comment dire aux habitants de Fukushima qui ont vu cette vague déferler devant eux, comment leur expliquer qu'il n'y a pas de mouvement vers la côte ? Il n'y a de mouvement qu'entre le ciel et la terre. C'est inexplicable, il faut s'imprégner de l'ambiguïté d'une molécule d'eau qui fait semblant de venir vers le bord. Je la vois qui vient vers le bord mais en fait elle passe son temps à remuer entre le ciel et la terre.

— Mais ce mot, « vie » ?

— Eh bien, tout cela montre que la vie est ambiguë, puisque les mouvements ondulatoires, même du point de vue de la physique, sont complètement transformés par l'explication que je donne d'eux. En fait, la vie, c'est ce qui reste quand on a enlevé les ondes… Peut-être ! Tout cela mériterait d'être un peu structuré, mais c'est un fait que nous sommes dans un monde qui fait semblant de nous dire des choses, mais qui ne sont pas toujours vraies.

Il y a des mots qui, parfois, ont du retentissement. En revenant de l'hommage rendu à Stéphane Hessel dans la cour des Invalides, en sortant du taxi, un homme t'a abordé et t'a dit : « Monsieur Jacquard, je vous ai reconnu. Surtout gardez-vous bien en bonne santé, on a besoin de vous ! »

Cet homme heureux de te voir pour la première fois de sa vie voulait être aimable, tu le remercies, mais je te sens mal à l'aise, un peu choqué. Tu t'expliques.

— Il a fait de ma mort un événement qui allait l'emporter sur les autres, et c'est comme ça que j'ai entendu, sans l'avoir préparée, l'annonce de ma mort par ce monsieur qui, peut-être, a dû se sentir indiscret. Ce qu'il m'a dit se voulait plus qu'aimable et ç'a été, au contraire, une remarque un peu déplaisante.

— Est-ce qu'on ne pourrait pas être immortels ?

— L'immortalité serait pire que la mortalité !

— Tu as envie de faire encore beaucoup de choses ?

— Oui, j'en ai envie.

— Tu voudrais faire quoi ?

— J'aimerais écrire, mais c'est vraiment difficile de mettre des phrases sur le papier. J'ai l'impression d'une incapacité survenue cette dernière année. Et puis j'aimerais poursuivre les conférences.

— Lorsque tu donnes des conférences devant de jeunes étudiants, le plus important c'est le fait de la transmission ?

— Les conférences, ce n'est que ça. Mais ce n'est pas une transmission au même titre que la transmission d'une information ou d'un objet. Ce n'est pas un cadeau que je leur fais, c'est une participation d'eux aux événements que j'ai incorporés dans ma vie ; ils y participent parce qu'ils sont touchés, dans la mesure où ils sont touchés par eux, et, par conséquent, la transmission, c'est la transmission des interrogations, des attitudes intérieures.

— Tu ressens quoi après une conférence ?

— Je me sens épuisé !

— Mais ?

— Mais heureux ! « Monsieur, expliquez-moi, je n'ai pas bien compris ce que vous disiez là… », « Monsieur, vous ne pensez vraiment pas que Dieu existe… » Tout cela, je suis là pour l'écouter. Évidemment, quand on m'explique que Dieu existe ou n'existe pas, je ne réponds ni oui ni non. J'explique que je suis sur un chemin de traverse, tout comme eux, et qu'on peut en parler, qu'on peut le faire vivre en nous, mais qu'il n'y a pas d'affirmation possible. Dans mon livre : *Dieu ?*, le point d'interrogation signifie bien que ce livre est écrit pour faire comprendre que, ce que je porte, ce n'est pas une définition, c'est uniquement du doute ; c'est l'existence du doute que j'essaie de mettre en vedette et qui est le sujet du livre !

— Des doutes, tu en as quand tu abordes une nouvelle conférence ?

— Dans quinze jours, j'en ai une à Aix-en-Provence. J'aurai en face de moi des étudiants, et il faudra bien que je dise dès le début que la maladie de Parkinson est passée par là. Mais ce n'est pas une raison pour ne pas se rencontrer, et, d'ailleurs, ça donne à la rencontre une possibilité de prolongement. Ils me pardonneront s'il y a des mots qui ne viennent pas.

— Avant tu ne parlais pas de Parkinson !

— J'en avais honte. Être un orateur qui perd ses mots...

Je repense à ta dernière conférence. Il y eut des moments où les mots ne sortaient plus, où tes pensées se figeaient. Des moments où tu laissais passer le silence, où tu laissais tes auditeurs te suivre, goûter aux chemins de réflexion vers lesquels tu nous entraînes toujours.

– Chaque fois que nous rencontrons des enfants dans des écoles primaires, leur première réaction c'est de s'étonner de ton âge. Pour eux tu es vraiment très vieux, à vrai dire vous avez quatre-vingts ans d'écart, c'est beaucoup quand même. Qu'est-ce que cela fait d'être une personne âgée ?

Tu souris, je comprends que tu vas me répondre longuement, que tu vas prendre ton temps.

– À quatre-vingt-sept ans j'ai perdu la maîtrise d'un certain nombre de choses que je savais faire avant, et que je ne sais plus faire, enfin que mon organisme ne sait plus faire. Mais, en compensation, j'ai acquis autre chose, un regard autre. Il ne faut pas oublier que, en tant qu'êtres humains, nous avons, par rapport aux autres animaux, ce pouvoir fabuleux de construire une conscience, de construire un regard sur le monde, et cela, tout au long de la vie. À trois ans je n'étais pas comme à dix ans, ni comme à soixante ou quatre-vingt-sept. Je me transforme et je m'approche de la fin, mais toutes ces transformations, pourquoi faudrait-il les regarder comme négatives ? Elles ont toujours été d'une certaine façon négatives et d'une autre façon positives.

– Quand on te demande ton âge…

– Quand on me demande mon âge, je m'aperçois que la vraie réponse n'est pas de dire le nombre d'années depuis ma naissance, mais le nombre d'années qu'il me reste à vivre !

J'aurais bien envie que tu me rassures, que tu me dises un chiffre, cinq, six, huit. Mais tu ne dis rien, tu poursuis.

– Je n'aime pas trop les vieillards qui disent : « Moi je suis plus jeune que les gamins de vingt ans ! » Ce n'est pas vrai, ils ne sont pas plus jeunes. Il faut, je crois, ne pas trop prononcer le mot « vieillesse ». Les mots sont parfois très lourds de connotations. Il faut préférer les mots « ancien », « expérimenté », « qui a vécu », « qui a eu un parcours », et « qui utilise son parcours pour réfléchir ». Pour répondre à ta question, l'âge je m'en fous, j'ai peut-être une espérance de vie qui me permet de faire encore des projets, et un état physique et intellectuel qui me permet d'échanger, comme là, maintenant, avec toi. D'ailleurs, les échanges que j'ai depuis une quinzaine d'années sont bien plus riches que ceux que j'avais il y a trente ou quarante ans !

Oui, je ne peux plus marcher vite, je me fatigue, mais l'important est de continuer à avoir des échanges.

C'est vrai, tu vacilles, tes pas se font incertains, parfois tu perds l'équilibre. Quand je sonne à ta porte, je t'entends arriver de loin, tes pieds martèlent le parquet, comme les sabots d'un petit animal parqué, enfermé.

– Parle-moi de tes belles rencontres.

– Il y a celle avec Stéphane Hessel dont nous avons déjà parlé, et il y a celle avec l'abbé Pierre. C'est arrivé très tard, ces dix ou vingt dernières années. On s'est rencontrés à la station de métro Quai-de-la-Gare. J'avais été amené là par les gens du DAL parce qu'il y avait une centaine de familles qui campaient sur place dans la boue.

Je suis arrivé, l'abbé Pierre venait d'arriver lui aussi. Alors les amis nous ont présentés, j'ai dit : « Ah bon, vous êtes l'abbé Pierre ? » Et lui a dit : « Ah bon, vous êtes Albert Jacquard ? » Et on est restés avec eux deux heures. Puis on s'est revus, et il y a une leçon que j'ai retenue. Pendant que j'étais là-bas dans la boue sous les tentes, on a apporté à l'abbé Pierre une lettre d'un ministre quelconque, qui lui avait promis d'envoyer un courrier affirmant telles ou telles choses. Il l'a lue et là il s'est mis en colère. « Ce n'est pas ça du tout ce que j'avais demandé au ministre ! Il est en train de me rouler dans la farine, on va changer les lois ! »

Il a renvoyé la lettre et il a gagné. Ce que j'ai retenu comme leçon, c'est qu'avec un ministre il faut dire non. Ce n'est peut-être pas très démocratique mais l'abbé Pierre était le représentant des démunis qui se trouvaient là.

Ils ont sauté par-dessus la démocratie pour dire : « On représente le peuple, à nous de jouer. » Ç'a été une belle rencontre.

– Vous vous êtes revus plusieurs fois ?

– On s'est revus des dizaines de fois. Je suis allé le chercher une fois à Esteville, un petit village au nord de Paris, pour une manifestation. Il arrivait à avancer en jouant sur l'opposition, l'illégalité, l'illégitimité. La légitimité, il s'en servait mais il ne s'en moquait pas. On était là aussi ensemble au moment de l'occupation de l'église Saint-Bernard. Ce furent des moments très forts. Mais il y a aussi tous ceux que j'ai rencontrés et dont je n'ai pu retenir les noms. Et puis il y a des hommes qui m'ont marqué et que je n'ai pas connus, comme Baudelaire, Rimbaud, Lautréamont.

– Tu as souvent parlé de Lautréamont.

– Oui il m'a fasciné lorsque j'étais jeune ; mais *Les Chants de Maldoror*, ce n'est pas une lecture pour un jeune homme de vingt ans.

De mémoire, tu te mets à réciter. Les mots de Lautréamont semblent heureux dans ta bouche, rugueux, râpeux, ils emplissent cette pièce autour de nous, exhalant un parfum très étrange.

Je suis sale. Les poux me rongent. Les pourceaux, quand ils me regardent, vomissent. Les croûtes et les escarres de la lèpre ont écaillé ma peau, couverte de pus jaunâtre. Je ne connais pas l'eau des fleuves, ni la rosée des nuages. Sur ma nuque, comme sur un fumier, pousse un énorme champignon, aux pédoncules ombellifères. Assis sur un meuble informe, je n'ai pas bougé mes membres depuis quatre siècles. Mes pieds ont pris racine dans le sol et composent, jusqu'à mon ventre, une sorte de végétation vivace, remplie d'ignobles parasites, qui ne dérive pas encore de la plante, et qui n'est plus de la chair. Cependant mon cœur bat...

Je suis, comme l'évoque si bien cette expression, scotchée à ma chaise, je n'ose plus bouger. Ce texte me fait froid dans le dos et en même temps tu m'as installée dans cette musique glauque et irrespirable, j'y étais presque bien.

– Cette lecture me passionnait, justement parce que la vérité est du côté du soleil, du côté de la lumière. Alors j'ai aussi intégré *Les Chants de Maldoror* dans ma vision du monde, pourquoi pas ! Ces chants m'apportent des richesses, ils me dérangent mais j'ai besoin d'eux. Ce genre de discours à vingt ans, chez les jésuites, c'était un peu étrange et décalé, j'ai essayé d'absorber cette pensée-là qui était à l'opposé de la mienne, très loin de mes certitudes, j'ai essayé de les incorporer et, du coup, ça m'a valu d'excellents points au concours de Polytechnique.

Grand soleil, nous marchons dans le jardin du Luxembourg. Des enfants font voguer leurs petits bateaux sur le grand bassin.

— Si tu devais expliquer à un petit enfant comment il a été fabriqué, comment t'y prendrais-tu ? Quels mots choisirais-tu pour parler de la procréation ?

— Je lui dirais que c'est un peu compliqué, que ce qu'il a fallu, c'est mettre en contact une cellule de son père, une cellule de sa mère, que c'est cela qui compte.

— Faut-il aborder cette question avec l'enfant ?

— Je crois que ça ne l'intéresse pas !

— Je ne suis pas d'accord avec toi. Chaque enfant a besoin de savoir d'où il vient. Je pense que certains parents prennent encore l'exemple de la petite graine que papa a donnée à maman.

– Tout cela est beaucoup trop réducteur, il y a plusieurs étapes à expliquer, c'est en fonction de ces étapes que l'on parle de copulation ; pour la rencontre des ovules et des spermatozoïdes, de procréation. Chaque fois on a un mot en « tion », mais on est très loin de la réalité. Tiens, aujourd'hui, il y a soixante ans que l'on a découvert l'ADN, c'est en fait tout neuf. Pour moi, cette découverte remet en cause le concept de vie.

– Qu'est-ce qu'être vivant ?

– Être vivant, c'est posséder de l'ADN, donc c'est être capable de reproduction. La vie ne commence qu'une fois que l'ADN a lancé le jeu !

– Quand on n'avait pas découvert l'ADN, on ne pouvait pas parler de vie ? On vivait comment ?

– On vivait comme François Jacob et Monod, qui inventaient des modèles.

– Tu parles de Théodore ?

– Non, de Jacques Monod, qui a reçu le prix Nobel. Avant, on n'avait pas la moindre idée de ce qu'était la procréation, on n'avait pas idée que les deux petits êtres que l'on connaissait – l'ovule et le spermatozoïde – se coupaient en deux, on n'avait pas pensé à une chose pareille.

On sait tout de son être biologique si on connaît son ADN. C'est terrible, car on est nécessairement fiché. On s'en aperçoit aujourd'hui où il suffit de cinq minutes pour retrouver la personne que l'on cherche ; c'est inquiétant.

Très souvent, lorsque je te retrouve, tu es assis sur le canapé noir du salon, un livre à la main ou avec un exemplaire du *Monde* posé sur la petite table. La lecture est partout autour de toi. Le nombre de livres qui habitent ta bibliothèque est très impressionnant.

Nous sommes le 2 avril.

— Aujourd'hui encore tu lis beaucoup, n'est-ce pas ? J'aimerais bien que tu me parles de ton rapport à la lecture, d'un des premiers livres que tu as lus ?

— La question est inattendue, j'aurais beaucoup de choses à dire ! J'ai été, dès le plus jeune âge, drogué par la lecture. On s'amusait de ça dans la famille. On disait : « Albert, où est-il ? » Et on me retrouvait quelque part, n'importe où, couché par terre, le nez dans des imprimés quelconques. Du moment que c'était imprimé, c'était de la nourriture pour moi. Et j'ai continué tout au long de ma vie à être fasciné par les textes écrits. Ce que j'aime dans la lecture, c'est que quelqu'un a été derrière cette phrase que je lis, a été derrière cette signification. J'aime me demander ce qu'il a voulu dire, c'est mon copain, je le connais de très près. J'ai été celui qui dévore les amis qu'il a, et en particulier les textes courts, comme ceux de Maupassant, Edgar Poe, et d'autres. Mais il est vrai que le rapport à l'écriture, à l'imprimé, est très variable selon les interlocuteurs. Si je parle d'Edgar Poe, ou de Maurois, ou d'autres, j'ai affaire à des gens dont je fais l'hypothèse qu'ils sont totalement sincères. Ils racontent l'histoire telle qu'elle peut être comprise, donc ils sondent l'interlocuteur tout à fait honnête et j'absorbe cette lecture comme une drogue utile qui va peu à peu m'enrichir. Et j'avais sans le dire tout au long de ma vie le sentiment que, grâce à la lecture, je m'enrichissais. Après, j'ai eu des mésaventures avec d'autres textes, qui m'abîmaient plutôt qu'ils me réussissaient. J'ai été capable de faire le tri, mais c'est venu très tard. On a déjà évoqué *Les Chants de Maldoror* ou les romans de Céline, des auteurs qui m'ont distillé leurs propres poisons. Quand j'ai été bien avancé en âge, j'ai été capable de digérer des Maupassant ou du Lautréamont, mais ç'a été long. Donc, pour ce qui est de mon rapport à la lecture, il y a deux réponses : la première, c'est la boulimie pour le plaisir de partager une nourriture avec un auteur qui me fascine, et, la seconde, c'est lorsque le texte me fait penser à autre chose, qu'il m'apporte une diversion. Souvent la diversion l'a emporté sur le reste.

— Te souviens-tu du premier livre qui t'a ému, bouleversé, happé ?

— Oui je m'en souviens très bien, mais on va tomber sur des auteurs peu connus comme Hector Malot. *Sans famille*, ce livre me passionnait parce que je voulais savoir ce qu'allait devenir tel ou tel personnage. Et puis, mais c'est beaucoup plus tard, il y avait l'autre versant, où j'avais accès à l'imagination débridée d'un être différent. J'ai évoqué Céline. Céline, c'est vraiment un de ceux qui m'ont aidé à me construire une vision du monde. Je lui dis merci et pourtant j'ai envie de ne pas le lui dire !

— Aujourd'hui, tu voyages dans quelle histoire ?

— Je lis *Les Misérables.* Je m'aperçois que je ne les avais jamais vraiment lus, j'avais bien sûr parcouru des petits morceaux, mais, finalement, ce grand livre m'avait échappé. Et j'ai l'impression de ne pas perdre mon temps. Je viens de lire tout le chapitre où il est question de la bataille de Waterloo, c'est génial, c'est formidable. Un peu simpliste comme explication historique mais je me laisse faire ! Donc Victor Hugo me donne la nourriture dont j'ai besoin. Ce n'est que du Victor Hugo, ce n'est pas d'une extrême profondeur, quoiqu'il y ait de belles formules. Alors je n'ai pas honte de le dire, je lis Victor Hugo.

— Lorsque tu avais quatorze, quinze ans, que lisais-tu ?

— À cet âge, je lisais Jules Verne.

— Est-ce que ces lectures te donnaient envie d'écrire ?

— Non ! Je ne pensais pas en être capable. Il est vrai que j'essayais quand même. Vers dix-neuf, vingt ans j'ai eu une boulimie d'écriture, j'écrivais des nouvelles à la façon de Maupassant.

— Si aujourd'hui tu devais choisir un texte, qu'on lise pour toi, quel serait-il ?

— Je crois que ce serait *Voyage au bout de la nuit*. Justement parce que j'ai avec Céline ce rapport compliqué. On y trouve une telle richesse de méchancetés apparentes et vivantes, que je garde ce qu'il contient de vie, et que j'essaie d'éliminer son poison. Mais il y a dans ce livre un mépris pour les hommes particulièrement vicieux.

– Ce serait vraiment le texte que tu choisirais ?

– Oui, je pense que je pourrais le relire plusieurs fois, avant de l'avoir totalement traduit en discours de moi.

– Lorsque tu signes tes livres après tes conférences et qu'on te dit : « Monsieur Jacquard, j'ai lu tous vos livres », que ressens-tu en voyant que tant de personnes ont une telle avidité de plonger dans tes propres livres ?

– Ce ne sont pas mes livres ! Ils ont presque disparu de ma mémoire, ce n'est plus moi, ce sont les livres d'un enfant lointain. Il y a vraiment une coupure entre Albert Jacquard qui écrit *Dieu ?*, par exemple – de quoi se mêlet-il ? –, et ce que j'ai en tête qui pénètre quand même dans le bouquin, mais qui m'échappe. Les livres échappent à leurs auteurs, c'est ce que je sens.

– Chaque fois que je te vois dédicacer tes livres, tu as l'air très étonné de constater que tant de personnes te suivent et te remercient ! Ce grand étonnement semble dire que c'est comme coupé de toi.

– Oui, c'est vrai.

– Si tu devais réécrire l'un de tes livres, penses-tu que tu l'écrirais différemment ?

– Si, par exemple, on prend le livre *Dieu ?*, j'ai le sentiment de m'y retrouver très peu. On pourrait dire que c'est un livre qui m'a été dicté par l'extérieur.

– C'est-à-dire, l'extérieur ?

– Je ne sais pas. Le résultat, en tout cas, est un texte qui m'échappe. Je le relis en le découvrant. Je me dis : « Tiens, je ne savais pas qu'il y a quinze ans, je savais écrire ça. » Il m'échappe !

– J'ai le sentiment qu'il y a un Albert Jacquard qui écrit et un Albert Jacquard qui s'étonne de ce que l'autre a écrit ou a dit.

– C'est d'autant plus vrai maintenant où ce que j'écris est une sorte de transposition complète. Si j'écris deux ou trois phrases aujourd'hui, ce ne sera vraiment plus de l'Albert Jacquard. Je sais l'idée que je veux mettre mais je n'arrive pas à la formuler. Je suis incapable de formuler en mots des idées un peu simples ou des idées auxquelles je tiens, que j'ai manipulées avec un certain désir de m'exprimer. Et ces idées-là, je les découvre en les lisant dans mon livre, il y a un deuxième Albert Jacquard !

– Revenons à une de tes dernières idées que tu as bien formulée, celle de la désappropriation.

Ce concept est très important pour toi, n'est-ce pas ?

– Quand je me suis mis à écrire des livres auxquels je croyais vraiment, qui correspondaient à une volonté profonde d'expression, j'ai pensé que ces idées m'appartenaient. Et puis j'ai compris peu à peu qu'elles étaient à tout le monde, y compris à moi. Mais l'idée de désappropriation était juste, car elle implique l'idée d'un corps de réflexions globales auxquelles je participe, mais dont je ne suis pas propriétaire. Je dois faire l'effort de me désapproprier ce que je me suis approprié.

– Lors de tes conférences, tu émets une idée, les gens te posent des questions, et tu leur réponds. Ta grande force c'est de nous répondre ce que, nous, nous aurions voulu répondre mais sans savoir le faire.

– Oui tu as raison. C'est fréquent, très fréquent. À la fin d'une conférence, bien souvent les gens me disent : « Bravo ! Ces idées, on les partage avec vous, d'ailleurs ces idées on les avait déjà, mais on ne savait pas qu'on les avait ! » Je suis content que les gens m'écoutent. Les idées que je défends, j'y crois vraiment, alors, chaque fois que je peux, je répands mon poison !

Ce mot m'amuse, et je me dis qu'à travers les visages lumineux des gens qui assistent à tes conférences, ton poison est un bienfait, un élixir de jouvence, un élixir de bien-être.

– Tu guides les autres vers le chemin de la réflexion, tu es un peu un passeur ?

– Il y a trois semaines, au feu rouge rue de Rennes, une voiture s'est arrêtée, un monsieur m'a reconnu, a baissé sa vitre et m'a dit : « Je tiens à vous dire merci, vous faites du bon boulot ! » Et c'était du boulot ! Ce n'était pas quelque chose d'abstrait, parce qu'il avait trouvé dans mes phrases ce qu'il fallait pour nourrir et exprimer sa réflexion à lui.

Aujourd'hui 30 avril, tu me réserves une surprise, tu tiens à m'offrir un livre que tu aimes particulièrement et que les éditions de La Martinière ne rééditent plus.

Un très joli titre, *Regards partagés*, un livre sur les conséquences des bouleversements de notre planète tant au niveau des hommes que de la nature, avec de superbes photos de Yann Arthus-Bertrand, accompagnées de textes d'Isabelle Delannoy et de toi.

Tu sembles navré que cet ouvrage ne soit plus distribué, tu y avais beaucoup travaillé, soixante jours pleins pour écrire soixante textes passionnants.

Nous le feuilletons ensemble, nous partons en voyage, tu décides de nos haltes, tu me guides pour me conduire sur tel promontoire, d'où l'on pourra apercevoir les côtes se découper et le soleil mordre les reflets de l'océan.

Tu t'arrêtes à la page 99, une vue de Paris depuis la place Charles-de-Gaulle-Étoile.

J'aime te suivre, marcher à ton rythme dans tes mots et suivre le mince filet de ta voix qui déroule lentement le commentaire.

Une ville, est-ce fait de pierre ou de chair ? Durant des siècles, les princes bâtisseurs ont accumulé dans leurs capitales les monuments qui devaient témoigner de leur puissance. À Paris, leur plus grand mérite a été de maintenir une continuité, de se comporter comme les coureurs d'un relais qui se transmettent le témoin, de réaliser cet axe rigoureux qui unit le château fort du Louvre construit par Philippe Auguste à l'Arc de triomphe voulu par Napoléon. La réussite est parfaite, presque trop parfaite. N'est-elle pas surtout une réussite des géomètres, ceux qui ont tracé des lignes droites, respecté des symétries, dessiné un cercle partagé en segments égaux et n'ont laissé guère de place au mystère ? Heureusement, Paris ne se résume pas à cette étoile, à ce quartier qu'elle polarise, ni surtout à cet arc arrogant qui en est le centre et qui commémore, paraît-il, des triomphes. Les noms des trois cent quatre-vingt-six généraux qui ont participé aux victoires de l'Empereur y sont inscrits, pour que nul ne les oublie. Ce sont sans doute aussi ceux qui étaient à Waterloo. Le véritable Paris, c'est d'abord le peuple faisant vivre les collines que l'on devine au loin, Belleville, Ménilmontant ou la montagne Sainte-Geneviève. Aucun nom n'y est gravé dans le marbre, mais c'est Gavroche, Gervaise ou Rastignac qui personnifient la ville, qui occupent notre esprit et que nous croyons rencontrer lorsque nous laissons errer nos pas loin des Champs-Élysées, dans la rue du Fer-à-Moulin ou dans l'impasse du Chat-qui-Pêche.

Je vais partir plusieurs semaines chanter à Mayotte puis en Algérie. Je n'ose t'avouer ma difficulté à interrompre le rythme de nos conversations.

Je ne sais pourquoi je me mets à te parler des femmes, peut-être pour te parler de moi.

— Crois-tu que dans ce siècle les femmes auront une place meilleure ?

— Ça ne m'étonnerait pas ! Pour ma part, j'ai plus de connexion avec les femmes qu'avec les hommes. Avec elles, c'est plus facile de gérer une rencontre.

— Qu'apportent-elles de différent ?

— Elles sont plus présentes, nettement. Je vis dans un monde où il n'y a que des femmes, sauf Pierre et Benoît. Mais ceux qui exercent le pouvoir pour moi, ce sont les femmes et pas les hommes. Ce sont elles qui dirigent, j'aime me laisser faire !

Rires entre nous.

— Tu trouves que les femmes sont plus attentives, plus patientes, plus tolérantes ?

— Oui, avec les femmes c'est naturel, tandis qu'avec les hommes c'est difficile de se rencontrer, il y a une procédure à respecter. On est poli avec un homme, on est ouvert avec une femme. Avec une femme on vit quelque chose de commun plus facilement, mais pour maintenir le contact, il faut un homme et une femme.

— L'engagement des femmes porte de plus en plus ?

— Oui, de plus en plus. D'ailleurs, c'est déjà fait, chez nous le pouvoir est passé aux femmes et ce n'est pas loin d'être le cas partout.

— Tu oublies les pays, encore très nombreux, où les femmes sont soumises.

— Oui, bien sûr. Mais les femmes résistent et se battent, car elles comprennent par tout leur corps ce que signifie la vie. Dans le combat pour la vie, les femmes ont un rôle décisif à jouer. La femme n'est pas seulement l'avenir de l'homme, comme dit le poète, elle est son présent.

Je vois bien que ce sujet te touche et que tu t'animes. Brusquement, tu te lèves, et tu cherches dans tes dossiers pour trouver un texte imprimé sur une feuille. Tu reviens t'asseoir à côté de moi et tu me lis ce texte.

Le cri des femmes

Imaginez cette scène : le président d'une des grandes nations, celles qui font partie du club atomique, s'approche de son bureau pour appuyer sur le « bouton » qui commandera aux avions tournant en permanence au-dessus des déserts et aux sous-marins tapis dans les océans de lancer leurs fusées.

Il a longuement réfléchi, consulté les stratèges, rassemblé les informations disponibles, la conclusion est claire : son devoir lui impose de détruire le camp adverse.

Dans quelques heures, le camp adverse sera détruit, dans quelques jours l'humanité entière aura disparu. Le froid et les ténèbres de l'hiver nucléaire s'étendront sur une planète morte...

Si l'on veut reprendre espoir, il faut compléter cette scène... Dans la pièce voisine, la compagne du président en est à la dernière phase de l'accouchement ; soudain elle crie, elle crie que l'enfant est là, et le cri du nouveau-né se superpose à celui de sa mère et ces cris résonnent si fort dans la tête du président que sa main s'immobilise, il ne peut aller au terme de son geste.

Un cri, un cri de femme prolongé par un cri d'enfant, a fait reculer la mort. La vie a gagné.

Qui nous délivrera de ces somnambules en plein délire, à qui nous avons confié la conduite des affaires des hommes ? Qui ?

Les femmes. Peut-être parce qu'elles savent charnellement ce que signifie « donner la vie », elles sont difficilement fascinées par des engins qui ne peuvent que donner la mort. Les femmes savent que la première valeur, celle qui conditionne toutes les autres, est la vie. Et que la vie s'arrêtera si nous ne savons pas préserver la paix.

Jour de mon départ, je te téléphone de Roissy.

J'ai besoin de te demander de faire attention à toi, jusqu'à mon retour. Je ne sais pas très bien comment le dire. Une phrase m'échappe : « Je tiens très fort à toi, Albert. »

Pour la première fois, tu oses des mots : « Ne reste pas trop longtemps, reviens vite… Il y a nos conversations ! »

Retour de Mayotte, cette île perdue dans l'océan Indien, qui est devenue département français. La France à l'autre bout du monde.

Mon voyage a été riche en événements, et je te raconte la situation déplorable que connaissent tant d'enfants sur cette île française. Tu me poses beaucoup de questions, en particulier sur ces petits clandestins qui vivent cachés dans les forêts, sans maison, sans famille, qui se nourrissent de fruits, unique cadeau que la nature leur offre sans compter. Tous ces enfants ne reçoivent aucune éducation.

Tu es bouleversé, indigné. Je te montre des photos de ceux que j'ai rencontrés lors de mes concerts. Tu découvres leurs sourires, leur enthousiasme à chanter ces droits qu'ils n'ont, jusqu'à présent, jamais connus.

– Le droit essentiel de l'enfant est pour moi celui d'être mis en position de participer peu à peu aux grands choix collectifs, et ces enfants de Mayotte, sans papiers, sans famille, sont en dehors de la société.

– Quel avenir peuvent-ils avoir dans une société qui ne les aide pas à trouver leur place ?

– Nous parlons de Mayotte, mais la pauvreté, la grande misère, traîne sa cohorte d'exclus partout dans le monde. Encore plus dans cette période de crise économique, les premières victimes sont les enfants ! À travers ce que tu me dis, comment la République française accepte-t-elle que tant d'enfants n'aient pas le droit à l'éducation ? Son objectif est tout de même d'aider ces enfants à se construire en liaison avec les autres.

– L'île de Mayotte est un cas complexe, avec une population très jeune et un grand nombre de personnes vivant dans la clandestinité, alors cela génère des violences permanentes. Même les enfants se battent entre eux, il y a de petites guerres entre les villages ! Ces enfants apprennent à être les uns contre les autres.

– L'être humain est le seul animal capable de penser à demain, de faire des projets et de se construire par l'échange avec l'autre. C'est par les échanges avec l'autre que l'on devient soi-même. Ces échanges, on peut les tisser toute sa vie.

Tu es ému, révolté, par l'histoire de Jasmine, cette jeune fille comorienne non voyante qui a subi des violences sexuelles dans une de ses multiples familles d'accueil. Elle est devenue une sorte de paria simplement parce qu'elle a osé dire la vérité. Je te montre la vidéo où, comme un cri, cette jeune fille de dix-huit ans réussit pour la première fois à confier sa terrible histoire.

– C'est une situation insupportable, c'est inadmissible ! C'est toute une société qui doit être transformée si elle est capable de laisser de côté une Jasmine qui n'a personne à qui se confier. L'enfer, c'est d'être refusé par les autres.

– L'enfer pour de nombreux enfants, c'est de ne pas être entendu par les adultes.

– Oui, le premier réflexe de ces jeunes est alors de se mettre à l'abri. Chaque fois qu'ils s'enferment, ils se suicident un peu. C'est comme cela qu'ils s'enferment avec la drogue, ils s'enferment avec le mépris. Se mettre à l'abri, c'est s'enfermer, et s'enfermer, c'est se condamner à mort ! Je l'ai souvent dit : un être vivant est un être poreux. Si ma peau n'était pas poreuse, je mourrais instantanément. Il faut que je sois poreux avec l'air, mais il faut que je sois poreux au regard des autres.

Que ce soit à Mayotte, Madagascar, Dreux ou Achères, je rencontre toujours les mêmes histoires d'enfants. Solitude, drogues, violences, désert affectif et culturel, perte de confiance dans les adultes, avenir muselé.

— Ce que tu viens de m'apprendre sur ces enfants du bout du monde me fait penser au coup de téléphone que j'ai reçu il y a deux heures. On m'a proposé de retourner en Franche-Comté pour participer à une cérémonie à Lure. J'étais déjà allé à Lure, dans le pays de Gustave Courbet, dans un collège qui a été mis sous surveillance, car il y a en permanence des accrochages entre les jeunes, des violences. Ma première rencontre avec ces jeunes avait eu un tel succès que la direction m'a demandé de recommencer, car le seul jour où il n'y a pas eu d'incidents, c'est le jour où je suis allé inaugurer une plaque à Lure, au pays de la famille Fenouillard. Dans cet établissement, il y a tout le temps des violences, mais le jour où je suis intervenu n'était pas un jour comme les autres. La directrice qui me téléphonait me disait que jamais elle n'avait vécu ça, c'était merveilleux !

— Cela tient à quoi, d'après toi ?

— Au fait que quelqu'un de différent était venu les voir et participer à leur vie. Ça a montré aux gamins qu'une rencontre, ça pouvait être sérieux. La prochaine fois, je leur dirai que c'était possible ce qu'on a fait, puisque ça dure encore !

— Que comptes-tu leur dire de plus ?

— Je leur montrerai que la violence, qui est la base de toutes nos activités, nous conduit à la catastrophe. Actuellement, il faut être violent pour gagner de l'argent, il faut passer sa vie à battre l'autre, à être meilleur que l'autre, à le combattre. Elle est là, la violence.

— La violence existe aussi dans la nature.

— Il peut y en avoir quand il n'y a pas assez à manger pour tout le monde. Cette violence relève des réflexes dans le monde animal. Eh bien, parfois, nous, les hommes, nous n'en sommes pas si loin.

— Est-ce que ça n'a pas été toujours comme ça ?

— Ça m'étonnerait ! La violence n'est pas intrinsèque à l'homme, il me semble que la notion de guerre du feu est une erreur.

– Tu ne penses pas qu'il est dans la nature de l'homme d'être violent ?

– Non, pourquoi ? Ça pourrait être aussi dans la nature de l'homme de ne pas être violent. La violence mène à la catastrophe, par conséquent on pourrait fonder toute l'éducation sur le fait d'être non-violent. Pourquoi ne pas essayer ? Alors qu'actuellement on transmet un message de lutte, on pourrait essayer une non-violence totale. Le petit garçon un peu plus fort qui tape sur l'autre plus faible, on doit le refuser. Il faut marquer le coup très vite. On devrait essayer de refuser comme étant non naturel, donc fatal, tout ce qui est violent.

– Quel mot pourrait-on opposer au mot « violence » ? Le contraire de « compétition », c'est « émulation », mais pour « violence », que choisirais-tu ?

– Quel autre mot proposer ? Il faut essayer de le vivre avec des mots nouveaux, montrer que chaque fois qu'un plus fort gagne, en vérité il a perdu. Il y a le mot paix. L'admiration possible pour ce que l'on fait. Le contraire de violent ? Tu vois on ne le trouve pas. On parle de la non-violence et on va dire le mot douceur. Il ne faut pas de négatif. C'est ce qu'avait remarqué le philosophe Alain : la guerre est ! La paix n'est pas ! Les mots négatifs, il faut les reconstruire !

Tu n'as pas pu m'accompagner à l'Unesco pour assister aux nombreuses conférences proposées par l'Université de la Terre, une jolie initiative qui permet d'échanger des idées avec des personnalités engagées venues d'univers différents. Bien évidemment, tu y avais légitimement ta place mais, en cette fin d'avril 2013, ta fatigue prend le pas sur tes journées. Tes yeux se ferment facilement. Tu avoues te sentir de plus en plus faible.

J'aurais aimé que tu assistes à cette conférence passionnante donnée par Muhammad Yunus, prix Nobel de la paix, économiste et théoricien du microcrédit. Avec les quelques notes griffonnées dans mon petit carnet, je te résume les grands moments de ces échanges.

– Si je te demandais comment réenchanter le monde, par rapport au désenchantement que nous connaissons, que dirais-tu ?

– C’est un terme qui a été lancé par Jean-Pierre Changeux, il y a vingt ans. Il se demandait comment réenchanter le monde des hommes. Ce que j’ai compris, c’est qu’il fallait réenchanter l’humanité. La nature, elle, fait ce qu’elle peut, elle est souvent incompréhensible, mais, au fond, on ne lui demande rien. Si on doit réenchanter une portion de l’univers, ce sont les humains qu’il faut réenchanter. Mais j’ai peur que cette expression, « réenchanter le monde », ne nous amène simplement à contempler un monde qui nous échappe ; j’ai peur de la contemplation. Ré-enchanter, c’est accepter un monde qui est ce qu’il est, mais qu’on veut transformer. Effecti-vement, c’est à nous de le transformer !

– Par quel moyen ?

– Par le simple fait d’être présent au monde, sans nécessairement le savoir. Un bébé, ça ne se réenchante pas, ceux qui se réenchantent ce sont ses parents. Je mettrai un bémol en disant que c’est à nous de réenchanter le monde. Le monde est à moi, il n’est pas à la planète.

– Comment les hommes doivent-ils s’y prendre ?

– S'ils ont le plaisir d'être ensemble, l'enchantement va venir du plaisir de se rencontrer. Réenchantons le monde… des hommes.

– Le titre générique de cette Université de la Terre était : « Le meilleur est à venir ! » As-tu cette même conviction ?

– Je ne sais pas si je suis optimiste sur l'avenir qui nous attend, et je ne suis pas le seul à tirer la sonnette d'alarme. Hubert Reeves, par exemple, estime que l'humanité n'en a plus que pour un demi-siècle à vivre. En tant que biologiste, je pourrais me réjouir de la proximité de cette échéance. Le jour de notre disparition, les papillons, les anémones et les chimpanzés pourront se dire : « Ouf, enfin tranquilles ! » Mais il se trouve que je ne suis pas seulement biologiste, je suis aussi grand-père et j'estime qu'il faut raisonner et agir autrement. Face à une perversion qui passe par la prédominance de l'argent, de la compétition, de la tricherie, j'aimerais que l'on adopte un mode de pensée différent qui serait : « À quoi sert-il d'être meilleur qu'un autre, c'est déjà tellement difficile d'être au meilleur de moi-même ! » Cette réponse, tu vois, je l'ai faite il y a déjà une vingtaine d'années. Que puis-je ajouter d'autre ? Que nous vivons, certes, un tournant de notre civilisation, à la fois déroutant et passionnant.

– Il y avait un sujet de réflexion : « Naître pour mourir, à quoi cela sert-il ? » Quel sens cela a-t-il ?

– On ne peut pas accepter une vie qui se prolongerait indéfiniment, ce ne serait pas possible. Être encore là dans cinquante ans, tout le monde peut être d'accord, cent ans, à la rigueur, mais deux cents, deux mille, deux cent mille, ça n'a pas de sens. Par conséquent, tout naturellement, nous sommes programmés pour une fin. Mais cette fin n'est pas ce que l'on croit, elle n'est pas la fin de la vie, elle est la fin d'une aventure qui dure peut-être longtemps après, nous n'en savons rien.

– Tu l'espères ?

– Je ne l'espère même pas, je me dis que ce ne serait pas mal. Mais je me refuse à croire ça, parce que ce n'était pas si mal goupillé, la vie !

– Comment un homme comme Albert Jacquard gère-t-il cette question du sens de la vie ?

– Par l'acceptation du fait qu'un jour ça s'arrête. On n'arrive jamais à absorber cette évidence qu'il y aura une fin, donc on fait semblant de ne pas y penser.

– Si aujourd'hui tu devais refaire ta vie, qu'en ferais-tu ?

– Je serais obligé, ou bien de tirer un trait complet sur tout ce que j'avais déjà emmagasiné à dix-huit ans, ou bien j'essaierais… Non, je crois que je tirerais ce trait. Mais, à dix-huit ans, je trouvais que ce n'était déjà pas mal, ce que j'avais engrangé.

– Comment résonne pour toi le mot « engagement » aujourd'hui au XXIe siècle ?

– Je crois que maintenant je lui donne du sens. S'engager, c'est participer à l'humanité, y participer vraiment, en disant que tout dépend de moi. Je le dis dans mes textes, mais je ne le vis pas assez ! Dans mon combat contre la pauvreté, j'ai essayé d'être celui qui répond, qui agit par générosité et par devoir.

Nous sommes à la fin du mois de mai, la fatigue te rattrape, depuis le début du mois tu as besoin de dormir plus longtemps. Tu dis que tes forces semblent te quitter, tu te ménages un peu mais tu tiens à honorer les conférences prévues. Un peu inquiète pour celle que tu dois aller faire tout seul à Merville dans le nord de la France, je joins le maire de la ville pour l'inviter à prendre bien soin de toi. Tes pas deviennent hésitants et j'ai un peu de mal à te voir partir, faire un aller-retour dans la journée.

Tout se passera bien, finalement, et le lendemain tu me racontes cette journée avec enthousiasme, comme chaque fois.

– Alors, Merville, c'était comment ?

– C'est une toute petite commune du nord de la France, et je ne sais pas trop pourquoi ils m'avaient invité ! Sans doute pour donner du lustre à une cérémonie. M. le député Vert était là, le président de ceci était là, et, au fond, moi j'avais le rôle de celui qui donne de l'importance à l'événement qui se déroulait à Merville ! Parce que personne ne sait où est Merville, à part moi maintenant. Il n'empêche que ça avait mobilisé les gens du pays, si bien que plus de trois cents personnes ont assisté à la conférence.

– De quoi as-tu parlé ?

– De ce que signifie d'être un humain. Comme je ne savais pas quel était mon public, je ne savais pas ce que ces gens attendaient de moi, alors j'ai admis que ce qu'ils attendaient, c'était une définition de l'être humain. Je leur ai demandé tout d'abord : « Qu'est-ce qu'on fait ici ensemble ? Ça signifie quoi ? Ça ressemble à quoi de mettre des gens les uns à côté des autres et de faire en sorte qu'ils écoutent ? » C'était aussi un peu une façon de dire aux gens : « Vous êtes importants, chacun d'entre vous est important ! » Finalement ils ont surtout écouté et moi j'étais celui qui les aidais un peu à réfléchir. Le fait est qu'ils étaient tous enthousiastes à la sortie.

– Tu viens de dire : « Mettre des gens les uns à côté des autres. » Est-ce que, selon toi, nous sommes les uns à côté des autres, les uns avec les autres, ou les uns contre les autres ?

– C'est quand les gens sont les uns avec les autres que c'est réussi. Je ne voudrais pas me donner un trop grand rôle, mais, au fond, j'ai permis à des gens qui n'avaient aucune raison de se rassembler de vivre ensemble une heure et demie, et de leur montrer que l'on peut parler d'autre chose que du contre !

– Pendant tes conférences, souvent, je me suis surprise à rêver que tous ces gens qui t'écoutaient étaient habités par la même envie que toi de changer le monde.

– C'est le rêve fondamental d'une société humaine !

– Qu'est-ce qu'on va faire pour changer le monde ?

– Si le monde actuel était parfait, on n'y toucherait pas. Or tout le monde est d'accord pour dire qu'il ne fonctionne pas bien ! Il faut donc le changer. Ça paraît ridicule parce qu'on croit que c'est impossible, pourtant il a bien fallu qu'il y ait des bifurcations auparavant, mais il en manque aujourd'hui quelques-unes !

– Quand tu regardes notre société, est-ce que tu es désespéré ? Penses-tu que c'est fichu ?

– Non ! Je n'ai aucune raison de le penser puisque ça dépend de moi. Parce que j'ai un rôle à jouer comme tout le monde. Je me doute bien que l'intervention d'Albert Jacquard dans ce processus est une intervention insignifiante, mais l'ensemble finira par compter. Si sur ces trois cents personnes présentes à Merville, il y en a deux cents qui disent : « C'est de l'utopie, c'est de la folie », mais cent autres qui disent : « Au fond on n'a pas le droit de ne pas y croire », c'est déjà un bon début ! Si on admet que c'est désespéré, que rien ne peut s'améliorer, je ne vois pas notre raison d'être. Donc, il n'y a aucune raison de dire que c'est désespéré.

– Et les deux cents autres personnes se disent quoi ? Que c'est une pure utopie ? Ce mot est souvent compris comme désignant une idée inatteignable ; peux-tu me donner une définition de ce qu'est un utopiste ?

– Eh bien, c'est quelqu'un qui suit une étoile. Il n'ira probablement pas jusqu'à l'étoile, mais, au moins, il sait dans quelle direction aller chaque jour. Tandis que le réaliste, qui n'a pas d'étoile et qui se moque de l'utopiste, tourne en rond, et il est content de tourner de plus en plus vite, comme un pilote de formule 1 sur un circuit dont il est prisonnier !

– Peut-on avancer dans le bon sens, grâce à la politique ?

– Ça dépend de quelle politique il s'agit. Avec une très bonne politique, ça pourrait marcher, pourquoi pas ? Ces gens dont on parle et qu'on méprise un peu pourraient reconstruire un monde correct.

– Si demain tu devais dire quelque chose à notre gouvernement, si tu devais formuler un vœu, un souhait, toi, Albert Jacquard, qu'est-ce que ce serait ?

– Tout naturellement, je lui dirais qu'il faut commencer par de petites révolutions qui auront de grandes conséquences. Étant donné que je suis professeur de formation et que c'est ça, finalement, qui a rempli ma vie, mes rencontres avec mes élèves, je proposerais un essai d'enseignement où toute hiérarchie de valeurs aurait disparu, où on ne parlerait jamais de cas désespéré, justement. Je dirais à M. le ministre de l'Éducation nationale : « Essayons une éducation par l'émerveillement et non pas par le mépris. » Si je dis ça, c'est à cause des réactions de parents d'élèves qui m'écrivent : « On a dit de mon fils qu'il était irrécupérable. » Actuellement, il y a énormément d'erreurs commises et qui consistent à enfoncer les élèves dans l'impossibilité de faire mieux. On n'est pas bon ! On est lamentable !

— Donc la première chose à changer, c'est la façon d'aborder l'enseignement ?

— Oui. On doit se comporter de sorte que tout élève se sente davantage porté par le système. Les quelques slogans que j'ai proposés comme : « Ici on enseigne l'art de la rencontre », si on les prenait au sérieux, ils pourraient être écrits partout. Qu'est-ce que ça coûterait à M. le ministre de l'Éducation nationale ?

— Il faudrait que les professeurs eux-mêmes y croient. Est-ce qu'ils sont formés dans ce sens ?

— Absolument pas. Il leur est impossible de faire en sorte que tous les élèves accrochent le bon wagon. Or mon deuxième slogan serait : « Il n'y a pas de décrochés face à des accrochés. » On ne peut pas vivre en étant un décroché. Très souvent, lors de mes conférences, je rencontre des professeurs de quarante ans qui disent : « On est en train de les abîmer, nos élèves. » Il faut généraliser ça à tout l'enseignement ; ça n'empêche pas de chercher la perfection, mais il faut se mettre au service des élèves. On peut y arriver.

— Et que dirais-tu aux jeunes ?

– Je leur dirais de réinventer un monde où on ne pensera plus en termes d'hyperconsommation et de surexploitation, mais en termes de partage et d'économie des biens de la Terre. Le système actuel fabrique trop de désespérés. Dans les lycées où je me rends, je suis face à des adolescents qui savent qu'il n'y a pas de place pour eux dans cette société. C'est abominable d'inciter les jeunes à se battre les uns contre les autres pour gagner leur place.

– Les uns contre les autres ?

– Oui, comment peut-on accepter que tout le temps merveilleux de la jeunesse se réduise à une lutte des uns contre les autres ?

– Alors, comment éduquer les jeunes ?

– Éduquer, ce n'est pas déverser du savoir, mais c'est conduire un enfant hors de lui-même et lui dire qu'il a à se construire, lui en donner l'appétit, lui inculquer le désir profond et insatiable de chercher à comprendre. C'est faire dire à chacun : « Je suis un être exceptionnel », et que, de lui-même, il ajoute : « Donc je suis exigeant. » L'important c'est d'être exigeant, je n'accepte pas une société qui ne me permet pas d'être moi-même.

– Le rôle des enseignants est donc fondamental ?

– Jaurès disait : « Si en face d'un élève on est lâche, on enseigne la lâcheté. Si on est généreux, on enseigne la générosité. » L'important est d'être présent et attentif aux jeunes, et de faire en sorte qu'ils réfléchissent. On devient intelligent en posant des questions. On devient idiot lorsqu'on a toutes les réponses. Les bons élèves qui se conforment au programme établi et qui gravissent sagement tous les échelons pour accéder à une carrière bien réglée risquent de devenir des crétins, des gens satisfaits qui ne se questionnent plus et sont saturés de réponses.

Tu avais choisi, toi, de ne pas rester M. l'ingénieur en chef. Toi qui avais si bien réussi ton parcours. Tu avais ensuite accepté de tout remettre en cause, de bousculer ta vie pour prendre un chemin de liberté.

En t'écoutant parler de l'éducation, je ne peux m'empêcher de penser à tous ces enfants croisés lors de mes spectacles, particulièrement aux enfants de ZEP, qui à l'école comme dans leur famille sont déjà des personnes en marge, des inadaptés, de futurs exclus.

– Il n'y a pas longtemps, après un de mes concerts au théâtre de Poissy, j'ai discuté avec des enfants de CM2. Ils voulaient avoir un métier qui rapporte de l'argent, peu importe lequel, ils disaient tous qu'ils avaient peur de ne pas réussir, car ils avaient des difficultés et que ni l'école ni leur famille ne les encourageaient.

– Il faut échapper à l'idée de la compétition, du gain, du fric, et créer auprès des enfants, de ces enfants, l'émerveillement devant ce qu'ils sont, devant ce qu'ils peuvent accomplir et devant les autres. On demande à l'école de faire des gagnants, alors, forcément, ça engendre des perdants, et c'est terrible parce que, ceux-là, ces enfants dont tu me parles, croiront à tort qu'ils vont rater leur vie.

– L'école de la rencontre et de la fraternité, nous en sommes encore loin ?

– Provoquer la rencontre est la véritable finalité de l'école. Certes, sa fonction affirmée est d'aider chaque jeune à s'insérer dans la collectivité, à y jouer un rôle, à apprendre et comprendre toutes les matières du programme. Mais les efforts demandés à chacun ont tous pour objectif ultime de devenir soi, au contact des autres. Or ce contact n'est jamais facile, l'autre est si étrange, si inquiétant ! Il faut surmonter bien des réticences intérieures avant de savoir s'enrichir des différences. C'est ce savoir, cet art de la rencontre qu'avant toute chose l'école devrait enseigner. Un système éducatif qui aboutit à des exclusions, à des sélections, oui, on peut le dire, c'est un système éducatif monstrueux.

Ta voix blanchit. Plusieurs fois, je remets à plus tard notre temps de conversation, pour le remplacer par un temps de silence, un temps de musique ou de livres. Tu t'inquiètes de cette fatigue grandissante et surtout tu as une peur terrible de perdre la mémoire. Tu as d'ailleurs un peu plus de difficulté à te repérer dans les jours.

— Le matin lorsque tu te lèves, est-ce que tu te demandes comment tu vas aborder la journée ? As-tu un empressement à la commencer ?

— J'ai surtout l'impression de laisser passer le temps sans l'utiliser. Les jours passent à une grande vitesse. Il est déjà l'heure, il est 4 heures, il est 5 heures. Mon sentiment immédiat, c'est que ça tourne sans que j'aie le temps de m'en apercevoir.

— Le temps passe trop vite ?

— Très vite ! Oui, très vite. Mais sans que pour autant ce soit triste.

— Dans ta journée, tu vis le temps présent ou bien tu te retournes vers le passé ?

— J'ai tendance à me suffire de mon temps présent, je me satisfais du quotidien.

— Et tu y es bien ?

— Oui !

— À ton âge, est-ce que tu penses à l'avenir ?

— L'avenir est très réduit… À pas grand-chose…

Ce jour-là, j'ai osé évoquer la notion d'avenir, mais, tout à coup, ta voix s'est blanchie. Tu me réponds que tu ne peux plus parler.

Nous sommes à la mi-mai. Tu manifestes quelques signes d'empressement, comme des nécessités impératives de réaliser certains projets : faire une retraite de silence sur les îles de Lérins et aller voir ton frère Jean…

Pour adoucir ta voix, je te propose un thé chaud que tu bois avec plaisir. Après un petit moment, nous reprenons notre conversation. Cette fois, je repousse cette question sur l'avenir.

– Et avec le passé, quel genre de rapport entretiens-tu ?

– Un certain désintérêt, ç'a été déjà joué, ça ne m'obsède pas.

Je sens que je me suis aventurée sur un terrain difficile, un terrain accidenté. Mais je poursuis.

– Par exemple, lorsque tu vas aller passer quelques jours dans ta maison de Pechpeyroux dans le Lot ?

– Ça, c'est joyeux !

– Lorsque tu seras là-bas, que feras-tu ?

– Je me laisserai être émerveillé. Simplement, je profiterai de ce qu'il va faire beau. J'ai l'impression à Pechpeyroux que tout m'attend, y compris la nature.

– Tu sais déjà quelle promenade tu vas faire, quel arbre tu vas aller saluer ?

– Oui, j'irai voir derrière la maison là où il y avait autrefois deux frênes. Il n'en reste plus qu'un. Il a fallu couper l'autre, il ne pouvait pas supporter son compagnon. Mais je ne suis pas triste.

C'est la deuxième fois que tu ressens le besoin de préciser que tu n'es pas triste !

– Est-ce qu'il y a une promenade que tu aimes particulièrement faire ?

– Ah oui ! Je vais descendre jusqu'à la mare, très sale d'ailleurs, une mare vivante. Il y a des crapauds, j'irai les voir.

– Et des nénuphars ?

– Non, il n'y en a pas. Mais j'irai voir les crapauds, je vais emprunter les chemins qui ont un passé pour moi, en faisant un assez grand tour. Je peux passer près de la mare, grimper, prendre possession du terrain, mais pas dans un sens d'appropriation.

– Un jour, nous avions parlé de l'envie de partir vivre dans un autre pays. Tu m'avais dit que toi tu n'aurais pas pu, que la France t'aurait trop manqué. C'est d'ailleurs ce que tu as ressenti à la fin de ton année passée aux États-Unis, le manque de ton pays. Est-ce que tu veux bien parler de cet attachement ?

– C'est vrai, je crois que la France me manquerait trop. D'abord pour la langue, pour l'accrochage que j'ai avec elle et qui est immédiat. Oui, la France me manquerait, mais ce qui me manquerait le plus, c'est la vie !

Je suis étonnée, tu dévies. Tu quittes la France et tu reviens à ce maudit mot, comme on dit au Québec : la vie.

Un silence.

– Je n'arrive pas à trouver cela triste, mais, effectivement, je pense à la fin, j'imagine que ça se passera très bien, sans trop de drame.

Ta voix est redevenue assurée, presque claire. Tes yeux ne se ferment pas comme tout à l'heure alors que l'épuisement te submergeait.

– Tu y penses souvent ?

Cette fois, tu n'hésites pas :

– Oui.
– Tous les jours ?
– Oui mais sans… Je pense à Stéphane Hessel, il a eu de la chance, il s'est endormi. Après, on n'est pas endormi. C'est ça que j'essaie de comprendre, c'est que je ne serai jamais endormi. Je ne serai pas, tout simplement ! J'essaie de réaliser que ce ne sera pas du tout un événement marqué, daté. J'ai de la peine intellectuellement à dominer cela : penser que ma mort ne sera pas un événement, même pas pour moi, surtout pas pour moi.

Je marque un temps. Pudeur, timidité... Tu as dit « ma mort » comme on dit « ma vie », « ma naissance », « ma chaise », là devant ce bureau. Pourtant, hésitante, je m'avance.

— Est-ce que tu sens ce moment nécessaire ? Tu te sens très fatigué ?

— Oui, ça fait partie d'un jeu auquel on ne peut pas échapper. Mais ça n'a pas d'importance !

— Pour toi ?

— Oui ! Pour moi.

— Mais tu sais combien les autres ont besoin de toi !

— Ça ne mérite pas tant, je le dis bien...

Tu te mets à rire, et tu répètes :

— Ça ne mérite pas tant ! Ça ne mérite pas des...

Tu ne finis pas ta phrase, j'ai peur que le sujet ne t'ennuie ou ne te dérange à la longue mais je poursuis :

— Albert, je veux te demander quelque chose que peut-être personne n'ose te demander. Mais, puisque tu oses en parler... ?

– Mais bien sûr que j'ose en parler ! La vie est faite de mille petits événements heureux. Parce que, au bord du chemin, il y a ceci, il y a cela. Je ressens un bienfait étonnant, du bonheur en permanence, vivre c'était bien !

– C'est bien !

– Comment dire ce que je ressens du fait d'être vivant ? C'est un bonheur, c'est quand même pas mal d'être vivant, mais je sens que ce n'est pas durable.

Tu quittes encore le chemin, je ne sais pas pourquoi j'insiste, j'ai besoin de savoir comment tu penses à la mort. Tu t'amuses à me voir m'embrouiller dans mes questions, avancer, reculer. Tu sens bien comme je suis gênée d'être là avec toi à évoquer ta mort. Encore une fois, tu viens à mon aide avec ton sourire bienveillant.

– Ça n'a aucune importance la façon dont tu poses la question. Tu viens de dire que tu avais peur de faire des gaffes. On ne parle pas comme ça à un homme de quatre-vingt-sept ans. On ne lui parle pas de sa mort. C'est une gaffe. Mais pas avec moi, pas du tout. Ça pourrait être indélicat, mais nous ne sommes pas là tous les deux pour faire dans la délicatesse. Ça ne suffit pas, la délicatesse !

Un silence.

— J'ai le sentiment de ne plus savoir compter les gens qui sont autour de moi. J'ai le sentiment, ces jours-ci, de vivre à trois, même si Pierre est sorti. Le nombre des gens qui m'entourent a quelque chose de flou. Une personne réapparaît en ce moment : c'est Isabelle, ma sœur. Je tourne la tête, et il n'y a personne. Je n'en suis pas triste, c'est un événement nécessaire, Isabelle n'est pas là. Je n'éprouve pas la même chose avec mon père, par exemple. Mais, avec Isabelle, j'ai comme des réflexes qui font que je tourne la tête vers elle.

Je remarque que tu as sorti quelques albums de photos anciennes. Tu me les montres. Je regarde longuement les clichés de ton voyage en Amérique. J'y découvre un Albert lumineux, souriant, jeune. Je te trouve beau et je te le dis. Tu me regardes, surpris.

— De qui parles-tu ?
— D'Albert Jacquard, celui des photos et celui qui est devant moi.

Tu reçois mon compliment avec beaucoup de perplexité, puis tu ajoutes :

– Ce sont tes yeux qui voient ça, Albert Jacquard n'a jamais été beau !

Tes mains se sont mises à trembler un peu plus, peut-être sans lien direct avec ma remarque. Comme tu le fais souvent, l'une de tes deux mains, la plus « raisonnable », vient chercher l'autre, la prend, la retient, et tout rentre dans l'ordre.

Je viens d'arriver devant la porte de ton appartement, je sonne et, comme chaque fois, j'attends tranquillement que tu parcoures le long couloir qui mène du salon à l'entrée. Un petit moment se passe, je sonne de nouveau. Mais rien. Je sonne cinq fois, dix fois. Aucun bruit. L'inquiétude me gagne. Je t'appelle à travers la porte : « Albert, Albert, c'est moi, c'est Dominique ! »

Toujours rien.

Alors, tout défile dans ma tête : hier, nous sommes sortis pour une promenade au jardin du Luxembourg, tu étais en forme, que s'est-il passé après ?

Des images commencent à se dessiner, la nuit qui avale tout sur son passage, ta façon si étrange de plonger sur ton lit comme on se jette dans le sommeil. Et si ? Mais non !

Je sonne encore…

Je suis restée plus d'une demi-heure devant cette porte, ne voulant pas céder à la panique, ne voulant pas me laisser happer par cette idée stupide qui se faisait de plus en plus insistante.

Finalement tu as ouvert la porte comme à ton habitude avec un large sourire, en me disant : « Ah, tu étais là ? »

Je ne t'ai rien dit de l'inquiétude qui venait de me décrocher une douleur vive au creux de l'estomac.

Ce matin tu n'es pas seul. Même si ton appartement est plongé dans le silence, tu es en discussion avec un compagnon très proche que tu me présentes dès mon arrivée : saint François d'Assise.

Tu tiens entre tes mains ton livre *Le Souci des pauvres*. Je t'écoute. Tu as une ferveur particulière pour ce personnage, tu me parles d'un ami, d'un frère, dont la voix a bouleversé le XIIIe siècle !

Un frère des oiseaux, de la nature qui invitait tous les humains à l'amour mutuel et au respect de notre mère la Terre, de notre sœur la Lune, de notre frère le Soleil ainsi que de tous les êtres vivants.

Tu m'expliques alors les similitudes entre les deux époques, la sienne et la nôtre, avec cette arrogance de la richesse, le rejet de l'autre, la pauvreté croissante, l'exclusion, l'abandon des pays pauvres par les pays riches, le mépris pour la nature et la vie !

– Ce qu'a fait François ne serait plus possible dans le monde actuel. Il a été capable de bouleverser les foules. Aujourd'hui, il deviendrait un produit médiatique dont le message serait submergé par la cacophonie des slogans politiques et des publicités commerciales. Son *Cantique des créatures* serait produit par une chaîne de télévision, découpé en séquences rythmées par des pauses de pub. Pire encore, le tapage orchestré autour de lui en ferait un gourou, un patron de secte idolâtré !

– Toi, tu as reçu une éducation religieuse. Quelle importance a-t-elle jouée dans ton adolescence ?

– Lorsque j'étais enfant, j'ai reçu un enseignement catholique en suivant les cours de catéchisme. Je m'y intéressais d'autant plus que je pensais que cela allait m'aider à résoudre mes difficultés au sein de ma famille. Vers l'âge de douze ans, ce fut une grande déception, les injustices dans le monde demeuraient et ma situation personnelle n'avait pas changé. J'ai décidé de tout arrêter, comme on change de filière pour passer de scientifique à littéraire. J'ai laissé Dieu de côté. Parfois je me demande si la religion n'est pas une facilité dans la vie des hommes !

– Croire est plus facile que ne pas croire ?

– J'ai cru vraiment et peu à peu j'ai cessé de croire. Cette remise en cause m'a coûté très cher. Peu à peu, j'ai fait le constat que ce que me disaient les curés ne pouvait pas être vrai, et c'est cela qui l'a emporté sur le reste. Au fond, je suis parvenu à l'évidence que le rôle de l'Église était un rôle de conservatisme, et que l'Église ne pense qu'à garder son pouvoir ! Ç'a été très long pour moi d'accepter cette vision de l'Église, cette vision de propriétaire. Une Église propriétaire des âmes des hommes. J'ai peu à peu refusé de participer à ce jeu-là, et ça s'est produit essentiellement à Versailles, à l'époque où j'ai commencé à réfléchir à autre chose qu'aux programmes des concours ! Oui, j'ai été élevé comme un catholique, mais je ne pratique plus du tout, et je suis même horrifié par certaines choses dans l'Église, notamment celles qui sont prônées par le pape. Mais je me sens chrétien, dans la mesure où il y a à lire dans la Bible.

– A-t-on besoin de Dieu pour expliquer le monde ?

– Je n'aime pas le mot « Dieu », il a un côté Jupiter, et Dieu n'est sûrement pas un super-Jupiter ! J'aimerais une théologie dans laquelle Dieu aurait perdu deux attributs inutiles : créateur et tout-puissant. L'abbé Pierre, quand on lui demandait ce qu'est Dieu, répondait : « Dieu est amour. Si je dis autre chose, j'abîme Dieu. »

– Et aujourd'hui, comment te positionnes-tu face à l'Église ?

– Aujourd'hui, j'ai la même attitude. Au fond, je suis frappé par l'hypocrisie cléricale, et j'en veux aux prêtres de m'avoir trompé. Je ne peux pas croire à tout cela, c'est pourquoi, en écrivant un livre avec comme titre Dieu, point d'interrogation, j'ai traité un tout autre sujet, qui est le doute. Que ce que dit Jésus soit bon ou pas n'est pas le problème. Ce qui compte, c'est que ce qui est dit soit un programme d'actions tandis qu'on veut nous faire croire que c'est une description de la réalité ! En fait l'Église joue double jeu, c'est un système d'hypocrisie d'un bout à l'autre !

– Que penses-tu du fonctionnement du Vatican ?

– Tous ces gens sont de braves gens, très probablement. Ils veulent le bien du peuple, mais tout ce décorum est incompatible avec une véritable foi. C'est-à-dire avec une véritable adhésion à tout ce qu'ils racontent. Le fait qu'il y ait au Vatican une mise en scène aussi réussie me choque. Car c'est réussi ! L'Église a autre chose à faire que du cinéma. Or, je regrette, mais la mise en scène du Vatican c'est uniquement du décor, et s'il y a un domaine où on devrait ne pas accepter de décor, c'est bien celui-là. Finalement, on s'aperçoit qu'il y a deux entreprises qui savent fort bien gérer le décorum, c'est l'Église et l'armée. L'armée réussit ça très bien parce que ça ne lui coûte rien, l'Église réussit un peu moins bien. Mais c'est un résidu historique et rien de plus. On ne peut pas accepter de ramener les besoins spirituels de chacun à un spectacle. Or le Vatican est un spectacle. Les protestants ont de la chance, ils n'ont pas de pape !

Je retrouve une phrase de Mgr Gaillot, qui était venu te rendre visite en juin lorsque tu étais de plus en plus fatigué. C'est lui qui a célébré « ta » messe, probablement comme tu le lui avais demandé, avec des prières et de la musique.

« L'être humain doit être placé au cœur de tout, qu'il soit croyant ou non, qu'il ait les mêmes origines que nous ou qu'il soit issu d'autres cultures, d'autres traditions. »

Ton sommeil a été plus fort que notre conversation, le silence l'a emporté.

Je suis près de toi, assise à la table ronde de ton salon, je relis les notes de ce manuscrit. Je le fais à voix haute, imaginant que, dans ton profond sommeil, quelques mots parviendront jusqu'à toi.

Je t'ai souvent regardé dormir, dans le train, au retour de nos voyages. Chaque fois, je me demandais ce qu'il pouvait se passer dans le cerveau d'Albert Jacquard. Des tempêtes, des tsunamis ?

Sachant que le cerveau humain compte environ cent milliards de cellules nerveuses, je me disais que ce devait être un bouillonnement permanent. Entre la naissance et l'âge de dix ans, chacune de ces cellules va créer dix mille connexions. C'est-à-dire que, en dix ans, il aura été créé des dizaines de millions de milliards de connexions, soit trente millions par seconde.

C'est toi qui me l'as appris. Le cerveau humain est un véritable chef-d'œuvre.

La dernière fois que nous avons parlé de ce livre de conversations intimes, c'était au mois de juin, tu m'avais dit :

– Tout ce que je viens de dire, je l'ai sans doute déjà dit. Peut-être certains l'ont-ils déjà entendu ou lu dans mes livres. J'aurais radoté ? Ça m'est égal. L'exemple des radoteurs, c'est Caton l'Ancien. Il terminait toujours ses discours en disant : « À propos, il faut détruire Carthage. » Alors moi, on peut me demander une conférence sur n'importe quoi, je terminerai toujours en disant : « À propos, il faut empêcher l'homme de se détruire ! » Je m'aperçois, hélas, que beaucoup d'hommes sérieux, raisonnables, lucides, aboutissent à la même conclusion que moi. Mais ils disent : « C'est trop tard, c'est foutu, on a fait trop de sottises ! Il n'y aura plus d'hommes dans quelques siècles, ou peut-être même demain… » Je ne peux pas y croire ! Mais il ne faut pas perdre de temps, car après le mot « émerveillement » et après le mot « angoisse », il y a un troisième mot-clé, il y a le mot « urgence » ! Et cette urgence, il me semble que, si ce sentiment est partagé, on pourra gagner, avec l'aide de tous les hommes. Oui, tout ce que je viens de dire, je l'ai déjà dit, peut-être des centaines de fois, peu importe. Le plus important, c'est que j'aie pu le partager avec le plus grand nombre et le redire une dernière fois avec toi. »

Cette page sera la dernière de ce manuscrit que je t'ai promis de mener jusqu'au bout. Seule, puisque ce soir de septembre tu as fait le mur, comme dans ce texte que j'ai retrouvé dans notre dossier. Je le trouve à la fois serein et plein de promesses.

Je fais le mur !

À tout instant, quand j'écris,
réponds au téléphone,
fais une conférence, étudie un article,
un Moi second, rêve...
Rêve des instants où je n'aurai rien à faire,
où enfin je pourrai continuer
le mur de pierres sèches
que j'ai entrepris sur la colline du Causse,
où le silence est si harmonieux.

Tôt le matin,
je vais déterrer quelques grosses pierres plates.
Miraculeusement, chacune trouve la place exacte
où elle s'encastre, s'installe définitivement.
Et le mur monte et s'allonge,
et je le contemple comme une œuvre
que nous avons faite à deux, la colline et moi.
Et je la trouve plus belle encore
avec ce mur qui souligne son profil.
Et je me sens aussi plein de sérénité
que l'oiseau qui me regarde m'agiter,
et chante.

Je vois ton ombre escaladant un joli mur de pierres sèches. Elle glisse lentement. Tu t'offres une dernière échappée pour aller voir ce qu'il y a de l'autre côté de la vie.

Ce mur de pierres sèches, chacun trouvera sa propre raison d'en poursuivre la construction, la restauration.

Pour ma part, tu as su mettre en lumière les nombreuses routes à suivre, qui me donnent l'énergie et toutes les raisons de croire en l'Homme.

Il était temps. J'en avais besoin.
Merci, Albert.

Cet ouvrage a été composé
par Nord Compo à Villeneuve-d’Ascq (Nord)
et achevé d’imprimer en août 2014
par Cayfosa à Barcelone
pour le compte des Éditions Stock
31, rue de Fleurus, 75006 Paris